Robert Allgayer
Photos : M.-P. & C. Piednoir

Sommaire

Les DISCUS

Lorsque nous considérons l'ensemble des poissons qui nous sont familiers et que nous sommes en présence des Discus pour la première fois, certaines questions se posent immanquablement à notre esprit : quel est donc ce genre de poisson ? Qu'est-ce qui le différencie des autres que nous connaissons mieux ? De quelles façons se déroulent sa vie et sa reproduction ? Quelles sont les particularités morphologiques, anatomiques et biologiques qui le rendent si attrayant ?
Il est intéressant aussi de savoir que les paramètres physico-chimiques qui régissent la vie et la santé des Discus sont également valables pour de nombreux « poissons à problèmes ». Dans ce livre nous mettons l'accent sur la connaissance et les traitements de l'eau, et les maladies. Ce sont deux des principaux problèmes rencontrés lors de l'élevage des Discus.
Si le terme de « poisson à problème » trouve ici sa juste signification, il ne doit pas rebuter l'aquariophile. De plus, les nouvelles formes artificielles sont beaucoup plus aisées à maintenir et à reproduire. Nous avons là un poisson auquel il faut se consacrer en étant son serviteur.
D'un autre côté les goûts et les couleurs ne se discutent pas !
Si dans leur famille - les Cichlidés - le Discus et le Scalaire sont parfois délaissés des cichlidophiles, beaucoup d'aquariophiles sont des « acharnés » du Discus, certainement avec raison, car il est beau et majestueux. Personnellement, je préfère toujours et encore les spécimens sauvages ; la Nature se suffit à elle-même face aux « beautés » issues de la grâce d'un éleveur.

La communauté des éleveurs et des sélectionneurs de Discus mérite respect et reconnaissance pour les performances de sélection et les réussites réalisées dans ce domaine. Il est normal qu'après de longues années de travail pour sélectionner une lignée et la stabiliser, l'éleveur soit récompensé commercialement. Les aquariophiles ayant des préférences pour des formes ou des couleurs particulières n'hésiteront pas à dépenser des sommes parfois importantes.

Cependant il est regrettable qu'il n'existe pas encore de « standards » reconnus de ces différentes formes artificielles, malgré la prolifération des concours nationaux et internationaux. Il n'est donc pas surprenant que les noms, les formes et les couleurs se confondent aux yeux des néophytes.

Chapitre 1

Historique

Symphysodon discus sauvage juvénile.

Près de 160 années ont passé entre la description du Discus de Heckel en 1840 et l'apparition des dernières formes chromatiques (Oriental Red, Morning Glory, ou Golden albinos) à Interzoo 2000.

Les grandes dates

- -1833 Johann Natterer a capturé les premiers Discus dans le cours inférieur du Rio Negro.
- -1840 Date à laquelle Heckel érige le genre *Symphysodon*. Description de *S. discus*.
- -1903 Pellegrin décrit la variété *aequifasciatus* qui a aujourd'hui valeur d'espèce.
- -1921 Le premier exemplaire vivant est acclimaté en Europe chez Eimecke de Hambourg.
- -1934 M. F. Barret de Philadelphie a obtenu la première éclosion mais tous les alevins ont été dévorés par le couple après quelques jours.
- -1935 Le marchand américain G. Armbruster de Philadelphie parvient à mener à bien l'éclosion de plusieurs dizaines de *Symphysodon* qu'il élève jusqu'à maturité.
- -1960 A partir de cette année de nombreux aquariophiles chevronnés, pisciculteurs, professionnels, etc. ont reproduit la plupart des variétés de *Symphysodon aequifasciatus*.
- -1976 Premiers Discus reproduits dans le Sud-Est asiatique. La coloration de ces poissons a d'ailleurs acquis rapidement une instabilité légendaire qui est toujours d'actualité.

Il est intéressant de savoir que les principales importations de spécimens « sauvages » originaires d'Amérique du Sud, provenaient principalement du Brésil dont le centre de collecte était Manaus (ville autour de laquelle la prospection s'effectuait sur un rayon de 500 km). Le deuxième centre de collecte en Amérique du Sud était Bogota en Colombie, dont la spécialité était principalement axée sur les Discus « bleus » et « verts ». Il faut toutefois signaler que depuis 1990, l'importation de spécimens sauvages a fortement régressé au profit des formes d'élevage. Ces dernières ne sont pas toujours d'une qualité irréprochable, principalement celles en provenance du Sud-Est asiatique (voir chapitre maladies, sida du Discus ou peste du Discus). Il faut savoir aussi qu'au sein d'anciennes régions de prospection comme le Lago Téfé, les Discus sauvages ont pratiquement disparu. La prospection et l'exportation du Discus ont fortement chuté. Le Discus assurera son salut dans la Nature grâce à sa reproduction en captivité.

Une autre source d'approvisionnement, inondant actuellement le marché aquariophile, est globalement située dans le Sud-Est asiatique (Singapour).

Les élevages asiatiques partant de souches en provenance d'Amérique du Sud, ne concernent presque exclusivement que les Discus « bruns ». Les poissons provenant de ces élevages sont souvent « hormonisés » et pigmentés à l'aide de nourritures spéciales, puis sélectionnés. Cependant ces dernières années, l'état sanitaire et la qualité se sont bien améliorés. Les manipulations chromatiques s'effectuent surtout sur les Discus bruns et bleus. En 1993 les importations concernent presque toutes les formes d'élevages, aussi bien celles issues du « Haraldi » que du Discus « vert ».

Nous trouvons des Cobalt, Turquoise, Turquoise-rouge et rouges en provenance du Sud-Est asiatique, mais dont les souches d'origine proviennent d'éleveurs allemands, anglais ou américains.

Puis les asiatiques ont créé leurs propres souches, notamment à partir de la lignée « Tangerine » (origine allemande) donnant par extension toutes les formes actuelles de Discus rouges et presque toutes les formes d'albinos. Leur ancêtre étant la lignée Pigeon Blood (bien que l'on trouve parfois écrit Pidgeon, le terme anglais est Pigeon), la plus ancienne créée au Sud-Est asiatique.

Les poissons d'origine asiatique sont élevés avec des hormones de croissance et des nourritures pigmentées. Arrivés chez l'amateur, ils perdent leurs couleurs criardes en peu de temps.

La variété Pigeon blood est à l'origine des formes nouvellement créées par les éleveurs professionnels.

Chapitre 2

Le genre Symphysodon

La systématique du genre *Symphysodon* semble actuellement « stabilisée ». J'avais émis l'hypothèse que le genre n'était constitué que d'une ou deux espèces et que toutes les autres variétés décrites n'étaient en fait que des variations géographiques (polychromatisme) issues d'isolations plus ou moins strictes et rentrant dans la polymorphométrie du « complexe Discus » (Allgayer & Teton 1981). Seul le patron mélanique permet de différencier *S. discus* de *S. aequifasciatus*. Sur une grande quantité de Discus examinés, on s'aperçoit que le nombre d'écailles en ligne latérale, ainsi que les formules des nageoires, se chevauchent pour les deux espèces.

Ces deux caractères étaient les principaux critères de différentiation des espèces et variétés. Kullander (1996) a pour l'instant opté pour deux espèces. Mais les nouvelles analyses des isoenzymes de l'A.R.N.

Classification du genre *Symphysodon* Heckel, 1840

Super ordre des Acanthoptérigii.
Ordre des Perciformes.
Sous-ordre des Percoïdes.
Famille : Cichlidés Bonaparte, 1840
Sous-famille : Cichlasomitinae Kullander, 1998
Tribu : Heroini Kullander, 1998
Genre : *Symphysodon* Heckel, 1840 (pas de synonyme) (Heckel, Ann. Mus. Wien, 2 : 333, fig. 22 , 1840).
Étymologie du genre : « avec des dents sur la symphyse » (articulation entre les deux branches de la mâchoire inférieure).
Habitat : Amazone, affluents de la rive gauche (aval) du Rio Negro, et Rio Purus.

Dans l'Amazone et ses affluents du Pérou et de la Colombie, et jusqu'à ceux de la région de Bélem (Brésil) on trouve le *Symphysodon aequifasciatus.*

Deux espèces sont actuellement reconnues qui diffèrent par la coloration mélanique :
- *Symphysodon aequifasciatus,* 8 à 9 barres fines de l'œil au pédoncule caudal ;
- *Symphysodon discus,* grande barre verticale unique au milieu du corps.

Étymologie des espèces :
discus : « en forme de disque »
aequifasciatus : « qui a toutes les barres (verticales) égales ».
Noms communs en français : le Symphysodon, le Discus, Poisson Pompadour.
Noms communs en anglais : Symphysodon, Discus, Pompadour Fish.
Noms communs en allemand : Diskusbuntbarsch, Diskusfisch.

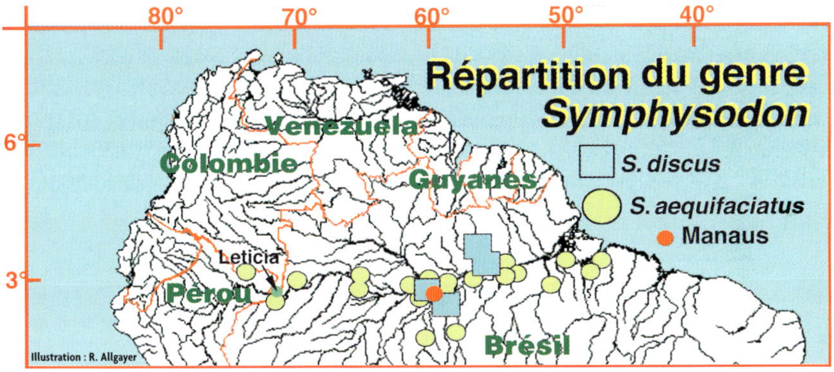

(Kokoscha & Greven, 1996) semblent démontrer qu'il n'y aurait qu'une seule espèce dans laquelle des différences minimes sont trouvées entre les différentes populations sauvages issues de diverses régions géographiques (écotypes) de *S. discus* et de *S. aequifasciatus*. Les Discus possèdent 60 paires de chromosomes, c'est le nombre le plus élevé dans la famille alors que la moyenne est de 48 pour les Cichlidés américains et 44 pour les africains (Klinkhart et *al.* 1995).

Caractéristiques morphologiques

Les *Symphysodon* appartiennent à la famille des Cichlidés dont les représentants sont innombrables (estimation : près de 1700 espèces). Les *Symphysodon* eux, sont uniquement localisés dans le vaste bassin amazonien. Ils se distinguent anatomiquement par un corps recouvert d'écailles cténoïdes (écailles en forme de peigne, dont le bord supérieur est quelquefois garni d'épines denticulées).

Ils sont pourvus de dents pointues, se répartissant uniquement sur la partie postérieure des mâchoires. Deux narines jouent un rôle olfactif. Chez ces poissons, les nageoires impaires sont uniques. La dorsale commence par une série de rayons épineux et se prolonge par des rayons mous, jusqu'à la nageoire caudale. Il en est de même pour l'anale qui possède chez *Symphysodon* 8 à 10 rayons épineux. Ces nageoires sont écailleuses à la base. Chez les *Symphysodon* la nageoire caudale est dite isocerque (résultante de la disparition d'un type primitif hétérocerque = jonction de la dorsale et de l'anale).

Les nageoires pelviennes, très effilées, sont formées de quelques longs rayons rigides, suivis de courts rayons mous. Raidies, elles servent un peu de balancier au poisson. Les nageoires pectorales sont assez amples et translucides, mais malgré leur aspect fragile elles développent une puissante force natatoire.

Le *Symphysodon* est un poisson discoïde. Le système sensoriel du *Symphysodon,* ou ligne latérale, naît en arrière de l'œil, puis parcourt en arc les trois quarts du corps, subit une cassure et repart légèrement plus bas, en une ligne horizontale se terminant à la naissance de la caudale. Les opercules du *Symphysodon* sont très grands, mais les arcs branchiaux ont leur proéminence antérieure très atténuée.

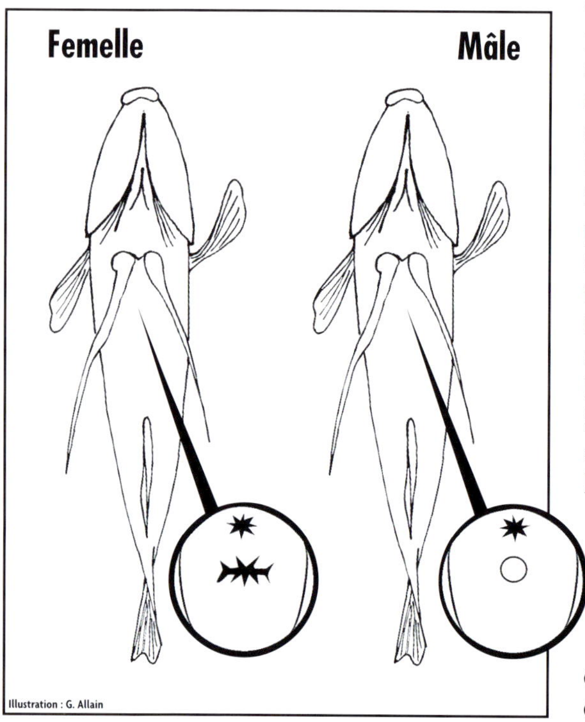

Illustration : G. Allain

Dimorphisme sexuel chez le Discus

La différentiation sexuelle est a priori assez difficile à déterminer chez les individus adultes, et voire même impossible, chez les spécimens subadultes. Chez les sujets adultes maintenus en captivité et hors de la période de reproduction, la détermination des sexes s'appuie (selon les éleveurs professionnels) sur des critères anatomiques qui ne concernent que les mâles. C'est ainsi que chez les individus mâles l'on remarquera une légère gibbosité frontale d'origine graisseuse. Cette gibbosité donne à l'animal non seulement un certain relief (de profil) mais aussi une épaisseur de la partie frontale. Un autre indice qui permet de reconnaître le mâle se concrétise par le prolongement des derniers rayons mous de la nageoire dorsale. Ces indices ne sont pas systématiquement visibles chez tous les mâles, mais il s'est avéré que les poissons dotés de ces deux particularités étaient très souvent du sexe « fort ».

Hors de la période de reproduction, il existe un autre moyen, inconfortable pour le poisson et délicat pour l'aquariophile, de détermination des sexes. Ce moyen consiste en un examen des parties génitales en tenant le poisson hors de l'eau. Le poisson, maintenu dans la main de l'aquariophile à l'aide d'un linge fin et mouillé, est examiné à la loupe au niveau de l'anus. L'on peut alors déterminer les sexes en se référant à la morphologie des organes sexuels.

Naturellement les caractères sexuels certains se montrent avec évidence au moment de la ponte. Ils se manifestent par l'évagination du spermiducte chez le mâle (conduit de forme conique) et de l'oviducte chez la femelle (conduit cylindrique évasé à sa terminaison).

Symphysodon aequifasciatus a la particularité de posséder un demi-cercle noir ornant les nageoires dorsale, caudale et anale.

Patrons de coloration

L'instabilité chromatique des poissons du genre *Symphysodon* et principalement des variétés « produites » en aquarium ou en station d'élevage, crée souvent une incertitude voire même une confusion sur la dénomination commerciale de tel ou tel sujet. Ceci est d'autant plus vrai que les reproducteurs asiatiques ont maintenant produit leurs propres « lignées » mais dont les variantes sont souvent très proches. Deux grands groupes peuvent être distingués, les « bleus » et les « rouges ».

Tous les *Symphysodon aequifasciatus* présents en milieu naturel (Discus bleu, vert, brun, rouge et Royal Blue) possèdent un demi-cercle noir ou sombre qui marque la base de la nageoire dorsale, le pédoncule caudal et la base de la nageoire anale. Ce demi-cercle est peu visible chez le Discus brun et absent chez *S. discus*.

Exemplaires issus du milieu naturel

Deux sujets présentent rarement une livrée identique, même *Symphysodon discus* qui pourtant offre une robe relativement constante. Les variations sont principalement axées sur les vermiculures horizontales brun-rouge et bleu-violacé. Leur nombre et largeur varient, ainsi que l'intensité de leur coloration. Cependant certains présentent une robe plus ou moins claire, des vermiculures rouges et bleues en lignes longitudinales à travers tout le corps plus ou moins soutenues.

Par contre le cercle noir caractéristique des *S. aequifasciatus* n'est pas présent chez le Heckel des rios Abacaxis, Demini, Negro, Quiuini, proches de Manaus.

Les différenciations chez le Discus brun sont axées sur les vermiculures bleues qui peuvent varier suivant leur nombre et s'étendre sur les parties céphaliques, les nageoires dorsale et anale. Chez ce dernier Discus les nageoires ventrales sont rougeâtres.

Discus rouges du Rio Madeira.

Le Discus rouge, le vrai (non pas celui qui est reproduit dans le Sud-Est asiatique) semble être très proche du Discus brun. Chez le Discus rouge, ce ne sont que les parties supérieures et inférieures du corps qui sont fortement teintées de rouge. Quant aux mélanophores, ils sont également très développés. Les *Symphysodon* présentant cette coloration rouge ont été capturés en Amazonie (frontière du Brésil et du Pérou) ainsi qu'en aval de Manaus, comme le Red Alenquer.

Les *Symphysodon* provenant du milieu naturel et présentant la plus forte variation de coloration sont les Discus : verts, bleus, Royal Blue et Manacapurú.

Le Discus vert a le corps jaunâtre, la partie ventrale bleu-vert avec des taches rouges sur le corps ; le front et le faciès sont fortement vermiculés de bleu, la nageoire dorsale et l'anale possèdent quelques vermiculures rouges, tandis que les nageoires ventrales sont rougeâtres.

Formes géographiques : Caiambé, Coari, Leticia, Putumayo, Téfé, etc.

Le Discus bleu a également le corps jaunâtre. Des vermiculures bleues recouvrent le dos et en partie le corps de façon discontinue. Elles s'étendent sur les nageoires dorsale et anale. Quelques vermiculures sont présentes sur la partie ventrale. Les nageoires ventrales sont rougeâtres.

Le « Royal Blue » a le corps bleuâtre avec des vermiculures horizontales brun-rougeâtre. Cette variété a été découverte dans les rios Purus, Tapauá, Trombetas, Uruari, Urubu, lagos Manacapurú, Mamiá.

Toutes les formes du complexe *aequifasciatus* possèdent un œil rouge alors que le *Symphysodon discus* a l'œil noir. Plusieurs races géographiques nouvelles ont été importées et diffusées parmi les aquariophiles. Elles ont parfois servi à créer de nouvelles formes d'élevage.

Discus vert à points rouges du Rio Putumayo.

Discus bleu du Rio Ipixuna.

Chapitre 3

Le milieu naturel du Discus

Sur près de quarante années, des milliers de Discus ont été capturés au Brésil, en Colombie et au Pérou, puis exportés à travers le monde. Malgré la profusion de littérature aquariophile sur le Discus, les articles sur ses biotopes d'origine sont très rares.

Avec son corps circulaire, élevé et fortement compressé latéralement, le Discus ne peut vivre dans une eau courante. Il occupe donc un milieu où l'eau est stagnante, ou à courant lent. L'habitat du Discus est principalement constitué d'eaux lagunaires et de canaux naturels appelés « paranás » au Brésil. La force du courant est quasiment nulle et ne s'oppose pas aux déplacements des poissons. L'eau les supporte, les soutient, et ne leur porte aucune gêne. Les creux des berges, le fouillis végétal vivant ou mort, offrent aux poissons, gîtes, refuges, frayères et nourriture. L'eau, souvent turbide, formant rideau, empêche de considérer la profondeur entière et de discerner les poissons qui y vivent.

L'Amazonie, dont le bassin hydrographique s'étend du versant est de la Cordillère des Andes jusqu'aux côtes de l'Atlantique, constitue une entité biologique immense couvrant environ 5 millions de km^2.
Quoique immense, ce bassin conserve une relative uniformité dans les limites précitées. La nature de ses sols est principalement d'origine sédimentaire puisque la plus grande partie de cette région était submergée par la mer au début de la formation du continent.

L'énorme biomasse de la forêt amazonienne est un système clos, car la quasi-totalité des éléments nutritifs se trouve stockée dans la végétation, ce qui réduit considérablement les pertes par lessivage des sols.
Le bassin amazonien est caractérisé par des forêts sempervirentes pluviales immenses et un climat chaud et humide avec des saisons peu marquées. Les forêts se partagent en deux types :
- la forêt sur terre ferme qui est arrosée par les précipitations nombreuses et importantes ;
- la forêt marécageuse qui se divise elle-même en deux catégories, à savoir :
  - la forêt temporairement inondée, la varzea ;
  - la forêt en eau stagnante permanente, l'igapo.

Les sols des varzeas et des igapos sont généralement bruns. Ils sont le plus souvent constitués de minéraux neutres (silice, basalte) mêlés à une grande proportion d'argile en liaison intime avec une faible quantité d'humus.
Sur l'ensemble du bassin (la selva d'amazonie), la moyenne annuelle des précipitations est d'environ 2 000 mm avec une saison des pluies plus importante de décembre à mai. L'humidité relative (hygrométrie) sous la voûte forestière est d'environ 95 %. L'insolation annuelle à la surface du sol est de l'ordre de 100 à 120 kcal/cm^2. En ce qui concerne la température de l'air, on enregistre des moyennes annuelles diurnes de 25 °C.

L'Amazone, qui prend le nom de Rio Solimões en amont de Manaus, est un fleuve qui dans l'unité spatiale de son bassin est un véritable complexe. Le lit où il coule, la forêt qu'il draine, s'unissent aux lits de tous ses affluents. La coulée axiale des eaux de l'Amazone prend ses origines extrêmes dans : les hauts affluents des rios Ica, Napo, Marañon, Yvari, Jurua, Purus, Beni, etc. descendant de la Cordillère des Andes, des hauts affluents en provenance des plateaux

Dans cet affluent du Rio Madeira, l'eau possède un pH de 4,5, la dureté totale est nulle et la température est de 26 °C.

Près de Santarem, l'eau du Rio Tapajos est limpide et offre une visibilité sans pareil dans la région.

Mato Grosso et Campos, tels les rios : Magdalena, Guaporé, Tapajos, Iriri, Xingu, etc. et enfin des hauts affluents des rios Negro, Branco, Trompetas, etc. prenant leur source sur le plateau des Guyanes.

Dans cet immense bassin fluvial on distingue trois qualités d'eau caractéristiques :

- l'eau claire, parfaitement limpide, venant surtout des massifs montagneux et des plateaux du centre (type : Rio Tapajos), possède un champ visuel d'une grande profondeur (plusieurs mètres) ;
- l'eau blanche, très turbide en raison de ses composants alluvionnaires originaires de la Cordillère des Andes (type : Rio Solimões). Dans ces eaux la profondeur visuelle est faible car en plongée on n'aperçoit pas le bout de ses doigts (mesure à l'aide du profondimètre à disques blancs : 40 cm) ;
- l'eau noire, également limpide, mais colorée comme un thé (ambrée à très brune, type Rio Negro), en raison des matières humiques dont elle s'est imprégnée durant la traversée des zones inondables (varzea et igapo). Ce genre de fleuve, appelé par les indigènes « Rio de fome » (fleuve de la faim), est pauvre en minéraux (source de vie) et justifie parfaitement cette appellation. De plus, la difficulté de pénétration de la lumière exclut systématiquement la présence de tout organisme chlorophyllien.

Toutes ces eaux ont un point commun, l'absence quasi totale de sels minéraux, ce qui se traduit par une dureté totale presque nulle.

Relevés physico-chimiques

Le bassin de l'Amazonie n'étant pas structuré par des barrages naturels (montagnes, plateaux, dépressions, etc.), il offre sur le plan biologique une quasi-uniformité végétale et animale. Cette relative planéité du bassin exerce sur la flore et la faune une action non négligeable à tel point que la végétation riveraine constamment irriguée ou inondée est exubérante, mais les populations piscicoles bien que composées toujours des mêmes espèces, les unes endémiques, les autres immigrées, subissent des changements dus principalement aux crues et à leurs étiages. Quant aux plantes aquatiques (submergées), elles sont présentes ou absentes des eaux en fonction de la turbidité de ces dernières.

Tableau comparatif de quelques biotopes à Discus*

Biotope n°	1	2	3
Lieu	Aturia	Anambé	Lago Cururu
Date	15.11.67	16.11.67	18.11.67
Temp. °C (50 cm)	28,8	29,5 - 30,8	
Profondeur du champ visuel en cm	120	130	110
pH	6,2	5,7	--
Conductivité µS (à 20 °C)	11,1	7,7	22,8
« Alcalinité » mval	0,18	0,03	0,2
Dureté totale dGH (1)	0,13	0,07	0,27
Matières organiques (Cons. de Permanganate mg/l)(3)	59,4	44,3	26,8
Fer, total mg/l	0,32	0,36	0,38
Phosphore, total, mg/l	0,01	0,03	0,025
Azote, total, mg/l	0,34	0,39	0,28
Chlorures mg/l	--(2)	--	--

(1) : dGH degré allemand = 1,78 TH français / (2) : -- = n'a pas été mesuré
(3) : Le Permanganate fixe l'acide humique. Plus la consommation de Permanganate est élevée, plus il y a de matières organiques.

Les structures des pièces d'eau habitées par les *Symphysodon* sont à peu près identiques pour chacune d'elles. Elles se distinguent par des profondeurs qui varient avec les saisons (jusqu'à 2 m en période d'étiage). Sachons aussi que la profondeur recherchée par le Discus est d'autant plus grande que l'eau se clarifie. Elles se singularisent également par des berges abruptes sur lesquelles s'accrochent encore des arbres tombés à l'eau (verts, en majorité). La position de ces

L'enchevêtrement de branchages est un biotope idéal pour les Discus. En photo, le bras d'un affluent du Rio Madeira.

4	5
Ig. Curubau	Beruri
18.10.71	9.11.71
25,4	29,4 - 29,7
200	20
4,9 - 5,1	6,1 - 6,6
8,6	27-32
0,05	0,25
0,01	0,6
32,9	26,5
0,27	1,35
0,003	0,23
0,29	0,7
0,9	1,3

Geisler /Mayland in Teton & Allgayer, 1992

arbres est perpendiculaire à la rive, les racines encore fixées à la berge, le tronc submergé aux deux tiers et les branchages presque totalement noyés.

Ce fouillis de branchages constitue l'habitat par excellence des *Symphysodon*. Refuge inexpugnable, ce fatras de bois vigoureux est difficilement accessible aux corps massifs des grands prédateurs. En revanche, la morphologie particulière des Discus permet à ces derniers de circuler avec vélocité dans les entrelacs des branches submergées.
Les chutes des arbres dans les pièces d'eau se produisent principalement en période de crue par effet de ravinement des berges. La chute continuelle des arbres permet aux *Symphysodon* de changer d'abri lorsque les anciens refuges se dégradent. Le lit de ces pièces d'eau est généralement couvert d'un épais tapis de feuilles mortes.

La composition physico-chimique des eaux de ces biotopes est communément similaire, toutefois on trouve de légères modifications dues à des facteurs locaux, notamment en ce qui concerne la présence du fer. Le fer, dissous dans les eaux déminéralisées à pH bas (6 ou moins) se présente alors sous une forme chélatée et devient assimilable par la faune et la flore.
En ce qui concerne les températures de ces eaux, elles varient non seulement avec les saisons (quelques degrés) mais également avec : l'heure de la journée, la vitesse du courant, la profondeur, et surtout avec l'importance de l'ensoleillement des lieux. Au milieu de la journée, les températures mesurées en différents endroits, varient de 25 à 30 °C. De subites différences de températures (2 à 3 °C.) sur de courtes distances séparent une zone ombragée d'une zone de pleine exposition solaire.

Quant à la composition de la manne aquatique à disposition des *Symphysodon,* on est en droit de se demander comment ces eaux infécondes peuvent fournir une nourriture suffisante à ces poissons ?
En effet, si l'on se réfère aux données fondamentales des niveaux trophiques (chaîne alimentaire), il s'avère que le premier maillon de cette chaîne commence par les « producteurs » chlorophylliens quasiment inexistants dans les eaux « stériles ».

Des nodules gélatineux sont fixés sur les feuilles mortes tapissant le lit des pièces d'eau. Ils seraient, d'après les pêcheurs, consommés par les microcrustacés et les larves d'insectes aquatiques. Certains champignons aquatiques appartenant aux groupes des Ascomycètes, Phycomycètes et Hyphomycètes, sont capables de survivre en conditions limites. Ils se substituent aux micro-organismes chlorophylliens et seraient consommés par les microcrustacés, ces derniers seraient ensuite la proie d'alevins de divers poissons, quant aux macrocrustacés venant ensuite, ils seraient avalés par les *Symphysodon* adultes, etc. Voilà les maillons de la chaîne alimentaire reconstitués.

Chapitre 4

Formes d'élevage

Le Discus brun est à l'origine de nombreuses passions, avant l'arrivée sur le marché des nouvelles formes hybridées.

C'est le « Discus brun » qui est à l'origine de la vulgarisation de ces poissons vers les années 60. On a cru longtemps que cette forme était la plus facile à reproduire. En fait c'est ce *Symphysodon* qui était le plus fréquent sur le marché aquariophile et logiquement le plus souvent susceptible d'être reproduit. D'ailleurs cette reproduction « massive » à l'échelle mondiale fit chuter les cours. C'est à partir de cette époque que les formes dites « rares » (*Symphysodon discus*, vert, bleu, etc.) qui avaient été gardées en réserve par stratégie commerciale apparurent sur le marché. La réalité le prouve bien car d'abord, ce sont les « bruns sauvages » qui ont disparu du commerce, puis les « verts » et « bleus » sauvages sont devenus « courants » dans les années 1988-1991.

En 1993, on ne trouve presque plus de Discus sauvages, parfois quelques « Heckel », mais des « colorés ».

Là comme ailleurs, le Discus a sombré au rang des Xiphos, Guppys et autres espèces d'élevage. C'est certainement une réussite sur le plan écologique puisque les importations à partir d'Amérique du Sud ont pratiquement cessé.

Pourquoi importer un Discus sauvage aux couleurs douteuses, alors que pour quelques dollars de Singapour vous pouvez vous en procurer de superbes ? C'est simple, ils sont moins fragiles, plus beaux (sic) et surtout, la marge bénéficiaire est plus élevée.

Cette manne de Discus a permis de trouver des géniteurs pour une amélioration (?) de caractères particuliers comme par exemple le « Discus de Wattley » (gigantisme – plus de 20 cm de diamètre) ou des recherches de colorations originales. Lors de ces pseudo-croisements, il est intéressant de savoir que ces Discus ne sont pas soumis à la loi de Mendel. C'est à l'homozygotisme développé aux U.S.A. dans les années 20, et qui s'appliquait principalement à l'amélioration des cultures et des élevages agricoles, que les éleveurs de Discus ont eu recours. Grâce à cette technique, des caractères particuliers sont mis en évidence afin de créer une lignée « pure ». Celle-ci peut apparaître après la première génération mais aussi après la troisième ou la quatrième génération et cela uniquement sur une partie des descendants (mutation).
Une ponte de « Royal-Blue » (mâle et femelle) peut, par exemple, ne donner que deux ou trois alevins (sur un total de 100) qui à l'état adulte présenteront un corps uniformément bleu.

Le choix initial des reproducteurs est primordial, ce sont les critères propres au sujet et non ceux de la variété qui seront retenus (bleu, vert, etc.). La présence de fortes vermiculures rouges sur une femelle de la variété verte ou de larges bandes bleues chez un mâle pourront être des critères déterminants de sélection.
Lors de ces reproductions, les mélanophores ont tendance à régresser au profit des érytrophores pour parfois disparaître totalement (albinos). L'intensité de coloration du rouge et du noir dépend du nombre de cellules spécifiques, alors que l'assombrissement de la robe du poisson est uniquement dû à la dilatation des mélanophores et de la guanine provoquée par le système nerveux végétatif (mauvaises conditions offertes au poisson).
Les « croisements » (Back-cross) non soumis à la loi de Mendel, sont un mélange de couleurs qui s'effectue comme dans un shaker à cocktails, où les ingrédients sont les éléments de base du résultat final (bon ou mauvais).
Les couleurs verte, bleue, et ardoise chez le Discus sont dues à la cassure des rayons lumineux sur les prismes organiques des cellules pigmentaires, ce qui explique également les variations de colorations suivant la position du poisson par rapport à la source lumineuse. Ainsi diverses livrées, comme celles des Discus turquoise et turquoise-rouge provenant de spécimens sauvages du complexe *aequifasciatus* sont apparues, développant du bleu et du rouge par effet de luminescence.

Toutes les recherches et reproductions se sont déroulées chaque fois avec des conditions physico-chimiques et alimentaires différentes. Certains éleveurs plus perspicaces que d'autres se sont aperçus que la présence du fer (Fe II ou Fe III) sous forme colloïdale à une dose de 2 mg/l favorisait l'apparition et l'intensité des colorations verte, bleue et rouge. Cette technique associée à un nourrissage à l'aide d'artémias vivants, produit des sujets à livrée incomparable. Il est également possible d'améliorer cette coloration avec des carotènes de synthèse issus du domaine de l'alimentation ou de la pharmacie.
Des Discus élevés ou maintenus dans un milieu extrêmement pauvre en sels minéraux et oligo-éléments métalliques (< 80 µS/cm), sont d'une coloration souvent terne.

Les formes de couleur

Actuellement chaque éleveur reproduisant le Discus se croit obligé de donner un nom à sa lignée de Discus. C'est une situation anarchique qui ne permet plus à l'aquariophile et même à beaucoup de « spécialistes » du Discus de s'y retrouver. La moindre divergence d'une forme existante, aussi petite soit-elle, a donné naissance à un nom nouveau.

Chaque éleveur donne des noms commerciaux aux croisements qu'il crée. Les amateurs s'y retrouvent difficilement !

Ces noms ne correspondent pas toujours à la couleur et au patron de dessin, que ce soit d'un continent à l'autre, d'un pays à l'autre et même d'un magasin à l'autre. Les formes d'élevage ont été tellement croisées que l'on n'arrive même plus à deviner de quelles lignées elles sont descendantes. Par sélection des acheteurs, deux grands groupes se sont formés, les Discus à dominance bleue et ceux à dominance rouge. Quelques rares éleveurs asiatiques ont perpétué l'élégante tradition allemande d'indiquer le nom de l'élevage d'origine. Mais cette tradition a disparu. Finalement un Discus est acheté et adoré pour sa beauté quel que soit le nom qui lui est attribué.

Blue saphir

Dénomination des Discus sauvages et d'élevage

Nom	Lignée ou race	Origine connue
S. aequifasciatus « bleu »		Rio Uruari, Brésil
S. aequifasciatus « bleu »		Rio Urubu, Brésil
S. aequifasciatus « bleu »	« Blood Pearl »	?
S. aequifasciatus « bleu »	« Blue Diamond »	?
S. aequifasciatus « bleu »	« Blue Diamond High Fin»	?
S. aequifasciatus « bleu »	« Blue Jewel »	?
S. aequifasciatus « bleu »	« Blue Pearl Jewel »	?
S. aequifasciatus « bleu »	« Blue Snake Skine »	?
S. aequifasciatus « bleu »	« Brillant Blue »	?
S. aequifasciatus « bleu »	« Checkerboard »	Schmidt-Focke, Allemagne
S. aequifasciatus « bleu »	« Checkerboard »	Göbel, Allemagne
S. aequifasciatus « bleu »	« Chocolate Pearl »	?
S. aequifasciatus « bleu »	« Cobald »	Lo Wing Yat, Hong Kong
S. aequifasciatus « bleu »	« Coerulea »	? Japon
S. aequifasciatus « bleu »	« Flächig türkis »	Schmidt-Focke, Allemagne
S. aequifasciatus « bleu »	« Ghost »	?
S. aequifasciatus « bleu »	« Giant Pearl »	?
S. aequifasciatus « bleu »	« Glass Fin »	?
S. aequifasciatus « bleu »	« Golden Gost »	?
S. aequifasciatus « bleu »	« Goldwin Sim »	?
S. aequifasciatus « bleu »	« Haraldi »	Rio Purus, Brésil
S. aequifasciatus « bleu »	« High Fin Flächig türkis »	Göbel, Allemagne
S. aequifasciatus « bleu »	« High Fin Flächig türkis »	Szeto Chung Man, Hong Kong
S. aequifasciatus « bleu »	« Jewels of Mayans »	?
S. aequifasciatus « bleu »	« Manacapuru »	Schmidt-Focke, Allemagne
S. aequifasciatus « bleu »	« Nhamunda Rosé »	?
S. aequifasciatus « bleu »	« Pearl High Fin »	?
S. aequifasciatus « bleu »	« Red Pearl »	?
S. aequifasciatus « bleu »	« Red Spotted Jewel »	?
S. aequifasciatus « bleu »	« Royal blue »	Rio Tapaua, Brésil
S. aequifasciatus « bleu »	« Royal blue »	Lago Manacapuru, Brésil
S. aequifasciatus « bleu »	« Royal blue »	Leticia importation
S. aequifasciatus « bleu »	« Royal blue »	Rio Trombetas, Brésil
S. aequifasciatus « bleu »	« Royal blue »	Lago Mamia, Brésil
S. aequifasciatus « bleu »	« Royal Red »	?
S. aequifasciatus « bleu »	« Royal Rosé »	?
S. aequifasciatus « bleu »	« Silver Dream »	?
S. aequifasciatus « bleu »	« Snake Blue Diamont »	?
S. aequifasciatus « bleu »	« Snake Skin »	?
S. aequifasciatus « bleu »	« Snake Skin Blue Line»	?
S. aequifasciatus « bleu »	« Snake Skin Red Line»	?
S. aequifasciatus « bleu »	« Solid Blue»	?

Snake skin

Snake skin

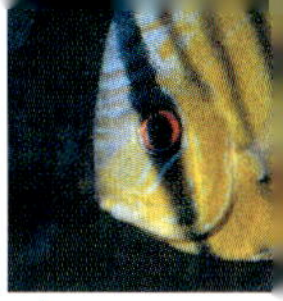

S. aequifasciatus « bleu »	« Solid Cobald Blue »	?
S. aequifasciatus « bleu »	« Solid color »	Zell, Allemagne
S. aequifasciatus « bleu »	« Striped High Fin »	?
S. aequifasciatus « bleu »	« Tarzoo »	Léticia improtation, Colombie
S. aequifasciatus « bleu »	« Turquoise rayé 1 »	Jerziorski, Allemagne
S. aequifasciatus « bleu »	« Turquoise rayé 2 »	Schmidt-Focke, Allemagne
S. aequifasciatus « bleu »	« Turquoise rayé 3 »	Schmidt-Focke, Allemagne
S. aequifasciatus « bleu »	« Turquoise rayé 4 »	Göbel, Allemagne
S. aequifasciatus « bleu »	« Turquoise rayé High body »	Göbel, Allemagne
S. aequifasciatus « bleu »	« Turquoise rouge »	Rodley, France
S. aequifasciatus « bleu »	« Turquoise rouge »	Nourissat, France
S. aequifasciatus « bleu »	« Turquoise solid »	?
S. aequifasciatus « bleu »	« Wattley »	Wattley, USA
S. aequifasciatus « bleu » X « rouge »	« Turquoise rouge »	Schmidt-Focke, Allemagne
S. aequifasciatus « bleu » X « rouge »	« Turquoise rouge High Body »	Lo Wing Yat, Hong Kong
S. aequifasciatus « brun »		Rio Branco, Brésil
S. aequifasciatus « brun »		Rio Icana, Brésil
S. aequifasciatus « brun »		Rio Ipixuna, Brésil
S. aequifasciatus « brun »	« Madeira »	Rio Madeira, Brésil
S. aequifasciatus « brun »		Rio Maués Açu
S. aequifasciatus « brun »		Rio Paruru, Brésil
S. aequifasciatus « brun »		Rio Purus, Brésil
S. aequifasciatus « brun »		Rio Tapajos, Brésil
S. aequifasciatus « brun »		Rio Tocantins, Brésil
S. aequifasciatus « brun »		Rio Uatuma, Brésil
S. aequifasciatus « brun »		Santarem, Brésil
S. aequifasciatus « brun »	« Blue Angel »	?
S. aequifasciatus « brun »	« Blue Pidgeon »	?
S. aequifasciatus « brun »	« Blue Saphir »	?
S. aequifasciatus « brun »	« Brilliant Pidgeon Blood »	?
S. aequifasciatus « brun »	« Golden »	?
S. aequifasciatus « brun »	« Golden albino »	?
S. aequifasciatus « brun »	« Golden Phoenix »	?
S. aequifasciatus « brun »	« Golden Pidgeon »	?
S. aequifasciatus « brun »	« Golden Rainbow»	?
S. aequifasciatus « brun »	« Leopard Skin »	?
S. aequifasciatus « brun »	« Marlboro Red »	?
S. aequifasciatus « brun »	« Morning Glory »	?
S. aequifasciatus « brun »	« Mozard Red »	?
S. aequifasciatus « brun »	« Oriental Dream	?
S. aequifasciatus « brun »	« Oriental Leopard skin »	?
S. aequifasciatus « brun »	« Oriental Pidgeon »	?
S. aequifasciatus « brun »	« Oriental Red »	?
S. aequifasciatus « brun »	« Oriental Red Spot »	?

Rouge Royal bleu

Red Marlboro

S. aequifasciatus « brun »	« Paradise Red »	?
S. aequifasciatus « brun »	« Pidgeon Blood »	Kitti Phanaitthi, Thaïlande
S. aequifasciatus « brun »	« Pidgeon Red Stone »	?
S. aequifasciatus « brun »	« Red Alenquer »	Alenquer, Brésil
S. aequifasciatus « brun »	« Red Angel »	?
S. aequifasciatus « brun »	« Red Eddy »	Schmidt-Focke, Allemagne
S. aequifasciatus « brun »	« Red Iça »	Rio Iça, Brésil
S. aequifasciatus « brun »	« Red Raimbow »	?
S. aequifasciatus « brun »	« Red Sillk »	?
S. aequifasciatus « brun »	« Red Stripehead »	?
S. aequifasciatus « brun »	« Skyblue »	?
S. aequifasciatus « brun »	« Snake Skin »	?
S. aequifasciatus « brun »	« Spotted Snake Skin »	?
S. aequifasciatus « brun »	« Sweets Temptation »	?
S. aequifasciatus « brun »	« Tangerine »	Lo Wing Yat, Hong Kong
S. aequifasciatus « brun »	« Tangerine Dream »	?
S. aequifasciatus « brun »	« Tomato-Red »	?
S. aequifasciatus « brun »	« Yellow »	?
S. aequifasciatus « brun »	« Yellow Rainbow »	?
S. aequifasciatus « vert »		Lago Calambé
S. aequifasciatus « vert »	« Coari »	Lago Coari, Brésil
S. aequifasciatus « vert »	« Green Cobalt »	?
S. aequifasciatus « vert »	« Jurua »	Rio Jurua, Brésil
S. aequifasciatus « vert »	« Nobel- Red »	? Brésil
S. aequifasciatus « vert »	« Pearl »	Homann, Allemagne
S. aequifasciatus « vert »	« Putumayo »	Rio Putumayo, Pérou
S. aequifasciatus « vert »	« Red spotted green »	Lo Wing Yat, Hong Kong
S. aequifasciatus « vert »	« Red spotted »	?
S. aequifasciatus « vert »	« Rio Téfé »	Rio Téfé, Brésil
S. aequifasciatus « vert »	« Royal green »	? Brésil
S. aequifasciatus « vert »	« Sunset-Red »	? Brésil
S. aequifasciatus « vert »	« Téfé »	Téfé, Brésil
Symphysodon discus		Rio Abacaxis, Brésil
Symphysodon discus		Rio Deminii, Brésil
Symphysodon discus	« Blue-head Heckel »	Rio Jau, Brésil
Symphysodon discus	« Blue-head Heckel »	Rio Negro, Brésil
Symphysodon discus		Rio Negro Brésil
Symphysodon discus		Rio Quiuini, Brésil
Symphysodon discus		Rio Unini, Brésil
Symphysodon discus		Rio Xeruini, Brésil
Symphysodon discus X haraldi	« Heckel-cross »	Schmidt-Focke, Allemagne
Symphysodon discus X haraldi	« Heckel-cross »	Feiler, USA

Pigeon blood

Croisement probablement issu d'une forme argentée de Pigeon blood avec un turquoise bleu.

Alenquer

Importation et conditionnement du Discus

Une attentive inspection des poissons devrait être effectuée par l'importateur (elle n'est pas toujours faite). Elle a pour but d'éliminer les parasites par des moyens mécaniques ou médicamenteux.
Ce premier traitement est généralement effectué en même temps qu'une intervention thérapeutique qui a pour but d'éliminer les agents pathogènes (endodermiques et ectodermiques) qui échappent à l'observation visuelle en raison de leur localisation ou de leur très petite taille.

Tous ces traitements préalables à la vente devraient s'effectuer sur une quarantaine de jours, suivis d'un conditionnement alimentaire qui permette au poisson de retrouver un équilibre psycho-physiologique compatible avec une prise en charge par l'aquariophile. Cependant, pour des raisons économiques, la quarantaine surtout et parfois les moyens sanitaires sont sacrifiés au profit de la rentabilité. Quant aux spécimens d'élevages, notamment du Sud-Est asiatique, ils sont souvent vecteurs de « nouvelles » maladies dont les origines sont en grande partie dues à la promiscuité et à l'usage renouvelé de divers antibiotiques.

Les spécimens sauvages vivent en milieu naturel dans des conditions bien différentes de celles offertes en captivité. Du point de vue sanitaire, il faut savoir qu'en aquarium le poisson est en présence d'agents pathogènes inconnus dans son Amazonie natale.

Comportement en aquarium

Le comportement du poisson en aquarium est probablement identique à celui manifesté dans son biotope. Malgré les rares observations éthologiques effectuées *in situ*, il est cependant certain que le poisson conserve en milieu artificiel (en l'occurrence l'aquarium) une application des règles fondamentales de son comportement général. Ces règles sont, malgré tout, largement perturbées par des facteurs extérieurs à l'aquarium (bruits, lumière, ombres portées, nourritures diverses, etc.). Le comportement interspécifique peut être observé en aquarium d'ensemble ou en aquarium régional.

Le *Symphysodon* est un sédentaire type, seules des circonstances importantes bouleversant sa tranquillité peuvent l'amener à quitter son territoire. Ce comportement est typique en aquarium (bac d'ensemble, bac régional et même en bac spécifique). Cette passivité légendaire peut cacher une agressivité contenue qui se manifestera spontanément à l'occasion de toutes formes de menaces émanant de poissons de tailles diverses. Cette attitude d'agressivité est également proportionnée à l'espace disponible dans l'aquarium. L'importance, la disposition et la diversité des matériaux composant l'environnement (décor) influent

favorablement sur l'état psychique du poisson. Elles se traduisent par des effets stimulants et sécurisants si les décors sont conçus de façon à créer de nombreux refuges.

L'agressivité du *Symphysodon* envers ses cohabitants passe par divers stades successifs qui sont en corrélation avec l'attitude de l'antagoniste. Cette agressivité n'est pas proportionnelle au nombre de sujets présents dans le bac. Au contraire un nombre élevé de cohabitants annihile complètement la notion de territoire (cause principale de l'agressivité). L'absence de décor (bac nu) produit le même effet sur les relations inter et intraspécifiques.

Les comportements agonistiques regroupent les comportements de menaces, d'attaques, les attitudes ou postures de soumission du vaincu. Ces comportements ont été remarquablement étudiés par Blum.

Dans un bac bien équilibré, l'agressivité permanente d'un *Symphysodon* envers un poisson est le signe d'un état psychique normal. En revanche, les sujets craintifs qui laissent les incursions territoriales impunies signalent manifestement un déséquilibre fonctionnel du bac (décor, population, état physico-chimique de l'eau).

Le standard du degré d'agressivité d'un *Symphysodon* n'est pas comparable par exemple à celui du genre « *Cichlasoma* » *sensu lato* (nous pensons là aux espèces d'Amérique centrale) ou aux M'buna africains. L'agressivité du *Symphysodon* reste aux yeux de l'observateur une manifestation d'une ampleur majestueuse. Les agressions sont souvent inefficaces et restent dans la limite de l'espace territorial. La poursuite de l'adversaire à travers le bac est rare. Les divers mouvements qui marquent le comportement sont accompagnés de patrons de coloration spécifiques aux diverses attitudes et états physiologiques, psychiques et intentionnels. Un patron spécifique peut être en superposition à un autre. Un exemple : un *Symphysodon* en mauvais état physiologique présente souvent un patron de coloration entièrement noir, cependant des instincts territoriaux ou agressifs peuvent se manifester sans que le patron spécifique d'intention ne soit apparent. La gamme des patrons chez le *Symphysodon* est très limitée dans le cadre des relations interspécifiques. Les attitudes types ne sont pas adoptées systématiquement, seuls quelques patrons dus à des défenses de territoire ou de neutralité apparaissent.

En résumé, l'agressivité interspécifique du *Symphysodon* est inférieure à celle de l'ensemble de la famille des Cichlidés. En conséquence il importe de prendre garde à la composition de la population du bac d'ensemble ou régional.

Le comportement des Discus n'a rien de comparable avec celui des gros Cichlidés américains. Pas de cohabitation possible.

Les espèces de petites tailles comme par exemple les Characoïdes sont dédaigneusement ignorées des *Symphysodon*. Il est cependant recommandé d'introduire les Characoides dans l'aquarium bien avant l'installation définitive des *Symphysodon* de façon à ce que ces petites espèces puissent auparavant reconnaître tous les recoins du bac.

Des espèces potentiellement agressives ne devront pas être imposées aux *Symphysodon*.

En effet les espèces du genre *Symphysodon* sont considérées comme les Empereurs des poissons d'aquarium, aussi cette noble gent mérite d'être traitée au rang qui lui est dû.

Dans un bac géographique (régional), ou pire, dans un bac d'ensemble, la promiscuité avec des genres réputés agressifs, s'avère incompatible voire dangereuse pour nos *Symphysodon*.

Les critères de sélection des genres et espèces susceptibles de cohabiter avec les Discus, tiendront compte des motivations qui sont à l'origine de l'aménagement du bac et des conditions physico-chimiques de l'eau.

En règle générale notre choix se portera sur les espèces originaires des milieux où l'eau est douce et acide, et qui possèdent un comportement individuel ou grégaire paisible, voire même craintif.

Les aquariophiles qui se lancent dans cette aventure passionnante ne sont généralement pas des débutants, et nous pensons qu'ils ne commettront pas l'erreur d'introduire dans cette «Amazonie miniature» des variétés artificielles comme par exemple : Scalaire doré, Oscar voile, *Corydoras* albinos, etc.

Les espèces de petites tailles devront précéder les *Symphysodon* dans l'aquarium, de 4 à 5 jours au moins. Cette précaution permettra aux petites espèces de repérer les abris et les chemins de fuite. N'ayez crainte, les *Symphysodon* ne sont pas des piscivores par instinct et la cohabitation avec les petites espèces réussit (presque) toujours. Des espèces de poissons encore différentes pourraient également être introduites dans un tel bac, comme par exemple les espèces appartenant aux genres *Copeina, Poecilobrycon, Nannostomus,* etc.

Les petits Characidés sont des compagnons de choix pour les Discus, à condition qu'ils soient introduits en premier dans l'aquarium.

Genres ou familles	Nombre	Taille max.	Zone d'occupation
Apistogramma, et genres assimilés. (toutes espèces)	10	5 à 8 cm	fond
Gasteropelecidés	15	5 cm	surface
Characidés	40 à 80	3 à 8 cm	pleine eau
Loricariidés	5	10 à 15 cm	fond
Corydoras	10	4-5 cm	fond

Exemple d'une population de 5 *Symphysodon* avec d'autres espèces en bac régional ou géographique (500 litres).

A – *Apistogramma macmasteri*
B – *Hemigrammus bleheri*
C – *Corydoras sterbai*
D – *Carnegiella strigata*
E – *Ancistrus* sp.

En revanche les genres comme *Cichlasoma sensu lato, Aequidens, Astronotus, Caquetaia, Cichla, Serrasalmus, Metynnis, Roeboides, Bryconamericus* en seront exclus d'office afin de préserver la végétation et la quiétude des *Symphysodon*.
Les espèces originaires des eaux dures à saumâtres comme *Poecilia, Xiphophorus, Tetraodon* ou autres sont également à proscrire.

A – *Astronotus ocellatus*
B – Piranha
C – *Poecilia velifera*
D – Tetraodon
E – *Vieja bifasciata*

Types de patrons et colorations en aquarium

Nous avons choisi à titre d'exemple le Discus brun chez lequel les types de patrons de coloration et les attitudes sont les plus évidents.

Chaque animal possède sa propre structure de coloration et de livrée que l'on nomme patron de coloration. Le patron initial peut être modifié par des facteurs internes (émotionnels) ou externes (environnementaux). Cette livrée initiale peut également varier suivant les situations ou le contexte dans lequel l'animal est placé.

Cette gamme de patrons est possible grâce à la modification des structures des chromatophores (quantité de pigment et emplacement à l'intérieur de la cellule épidermique). Le blocage à des stades intermédiaires, la dilution du pigment à l'intérieur de la cellule, ou encore sa concentration, feront apparaître chez le sujet divers patrons liés à des degrés émotionnels, ou motivés.

En conclusion

La reproduction de ces « beautés » a maintenant détrôné en grande partie les importations de sujets sauvages. Le processus de disparition des sujets sauvages sur le marché aquariophile est pratiquement conclu. Pour pallier à cette carence plusieurs avis ont été émis. Reproduire le Discus dans la lignée sauvage (tels que Discus brun ou rouge) semblait une bonne formule, mais cela ne plaît pas aux aquariophiles en mal de sensations fortes recherchant les sujets hautement colorés. Reproduire le Discus sous la forme la plus proche possible des « standards » sauvages, afin de préserver le milieu naturel semblait être la voie la plus logique et la plus rationnelle. Elle n'a pas été suivie. Le Discus voile détrônera-t-il bientôt toutes les autres formes colorées du Sud-Est asiatique ? D'ailleurs combien d'aquariophiles se plaignent de ne plus trouver sur le marché de Scalaires sauvages ou tout du moins de formes proches de ceux-ci ?

Actuellement les Discus ayant de légères variations de coloration, ont tendance à porter des noms imaginatifs qui ne se justifient pas et ne font que rendre le problème de dénomination plus complexe. Seuls les critères de couleurs ou de morphologie devraient être utilisés pour l'attribution d'un « nom » d'une lignée d'élevage. En règle générale, il s'agit de Discus issus du complexe *aequifasciatus*. Il existe bien quelques croisements entre *S. discus* et *S. aequifasciatus*, ils sont rares et non stériles.

Croisement naturel entre *Symphysodon discus* et *S. aequifasciatus*.

Puisque l'aquariophilie est censée s'inspirer d'une certaine déontologie, il conviendrait logiquement de canaliser les progrès changeants de la génétique. Pour ce faire, il deviendrait nécessaire de créer chez l'aquariophile une conscience écologique qui l'amènerait à servir la démarche du naturaliste, concrétisée par une mise de tous ses efforts au service du confort psychique, physique et matériel de l'animal.

Chapitre 6

Maintenance des Discus en captivité

Avant l'acquisition des poissons il serait souhaitable que l'aquariophile prenne une option en fonction du but final recherché (aquarium d'ensemble, aquarium régional, aquarium de reproduction). Il faut remarquer que la finalité de l'acquisition de tel ou tel poisson ne correspond pas nécessairement au choix définitif de l'aquariophile.

Ainsi par exemple, il est plus logique de choisir un poisson adulte sauvage pour l'intégrer à un bac ornemental (du type régional). On pourrait croire que ce poisson conviendrait mieux à la reproduction, mais ignorant en effet son âge et l'importance du stress qu'il a subi, il est facile de conclure que ses chances de reproduction en milieu artificiel seront minimes. Néanmoins, selon les possibilités pécuniaires de l'aquariophile, il lui sera laissé le choix d'acquérir soit des spécimens sauvages adultes, soit des poissons déjà reproduits, ou des spécimens sauvages subadultes. L'option prise sur les spécimens adultes (sauvages ou reproduits) permet à l'aquariophile de profiter immédiatement de l'effet ornemental dans le bac d'ensemble ou régional.

En revanche, l'acquisition de spécimens subadultes (sauvages ou reproduits) sous-entend une patiente attente, mais assurée par contre d'une adaptation plus souple (et vierge de toute reproduction antérieure) du poisson à son nouveau milieu et cela grâce à sa plasticité physiologique.

Achat

Au moment de l'acquisition des poissons destinés à la reproduction, il conviendra tout d'abord de choisir ces derniers à l'état subadulte. Ensuite une seconde option est à prendre : poissons sauvages ou poissons déjà reproduits en captivité ? Notons qu'il est très difficile de déterminer d'une façon absolue chez les spécimens subadultes sauvages s'il s'agit de variétés autres que *Symphysodon discus.* Le doute subsistera sur la variété à laquelle appartient le poisson et ce jusqu'à l'âge adulte. La qualité ou les performances reproductrices du poisson ne sont pas nécessairement liées à son prix. L'acquisition d'un poisson à un prix élevé est souvent une forme de snobisme. Il faut cependant avouer que le choix de la variété et son développement final peut avoir des répercussions sur la valeur du Discus.

Aménagement des différents bacs

En toutes circonstances après l'acquisition des poissons, une seconde étape d'adaptation chez l'aquariophile est nécessaire afin d'accoutumer les animaux aux conditions physico-chimiques nouvelles, et avec pour perspective une lente approche des paramètres propres à leur milieu naturel (pH, dureté, conductivité, etc.).

Le commerce spécialisé offre un vaste choix de Discus jeunes, adultes, sauvages ou d'élevage.

Suivant l'option choisie (bac d'ensemble, bac régional, bac spécifique ou bac de reproduction) les difficultés seront proportionnées.

- Le bac d'ensemble

La diversité des genres et espèces de poissons présents dans ce bac augmente considérablement la difficulté de respecter les normes compatibles à la vie des *Symphysodon*. En effet il se peut, en raison de la présence de certains paramètres, que les *Symphysodon* bénéficient alors de conditions optimales et qu'en revanche certains autres genres de poissons soient handicapés. L'hypothèse inverse est également valable et malheureusement plus fréquente. La logique serait de trouver des conditions de compromis, par exemple : pH 6,8 à 7,2 ; dureté totale TH 15 à 25 °f ; conductivité 500 µS/cm ; température de 26 à 28 °C.
Nous pourrions ainsi à titre d'exemple créer une communauté de Cichlidés africains et de *Symphysodon*. Il est à noter qu'en pareil cas le comportement interspécifique serait complètement bouleversé.

- Le bac régional ou géographique

Le bac régional ne diffère du bac d'ensemble que par des caractères plus spécifiques au biotope dans lequel vivent plusieurs familles de poissons comme par exemple : Cichlidés, Characidés, Callichthyidés, Loricariidés, etc. C'est ainsi que nous pourrons aussi bien mettre en présence des *Symphysodon* et *Hyphessobrycon*, que des *Corydoras* et *Symphysodon* sans pour autant déroger aux caractéristiques des populations vivant dans un biotope amazonien et sans nuire à leurs exigences propres aux qualités de l'eau.

Dans ce genre d'aquarium la conception de l'aménagement doit surtout tenir compte en priorité des facteurs éthologiques, des caractéristiques physico-chimiques de l'eau et de la nature de la végétation propres au biotope des *Symphysodon* puisque les autres espèces régionales ne sont que leurs commensales.

Dans un bac régional, les poissons sont choisis en fonction de leur origine géographique. Il arrive parfois que les espèces végétales ne soient pas rigoureusement en phase !

Dans un bac spécifique, seuls les Discus sont présents.

- Le bac spécifique

L'on entend par aquarium spécifique, un bac qui par sa capacité, sa forme, ses dimensions, ses aménagements décoratifs et ses accessoires, contribue au bien-être du poisson tant au point de vue biologique, que physico-chimique et psycho-physiologique. En conformité avec cette conception, il faut choisir un aquarium de grande capacité, c'est-à-dire supérieur à 200 litres. Dans le choix très important d'aquariums qui sont actuellement proposés sur le marché aquariophile, à contenance égale nous donnerons la préférence au bac le plus profond (largeur). Cette grande profondeur permettra aux poissons de bénéficier d'une distance de recul appréciable en cas de frayeur. Outre l'avantage de pouvoir créer un décor en palier ou en volume, cette confortable profondeur permettra encore aux poissons de choisir plus aisément des territoires conformes à leurs humeurs du moment. En effet, l'on ne pourra jamais trop insister sur l'aspect psycho-physiologique en matière de maintenance des poissons. Ce problème se pose particulièrement pour le genre *Symphysodon*. Toutes les autres fonctions vitales de ces animaux gravitent autour de cet équilibre psychologique.

Le second facteur de réussite (maintenance et reproduction) est la qualité de l'eau. L'eau doit être chimiquement et biologiquement contrôlée. Pour cela nous choisirons une eau de consommation urbaine, déminéralisée avec un osmoseur. Les eaux puisées à des sources doivent offrir toutes les garanties sanitaires. Il est conseillé pour ce genre de poisson assez délicat sur la qualité de l'eau, d'obtenir de cette dernière des valeurs de pH et de TH appropriées, par des méthodes que nous appellerons naturelles. Peut être aurons-nous la chance d'avoir à proximité une source qui aura les paramètres optimaux ou une eau de conduite qui aura les mêmes critères.
À défaut, optons pour un mélange eau de conduite (généralement dure) et eau osmosée. Dans ce dernier cas, des contrôles physico-chimiques seront nécessaires car ce mélange manquera de « constance ». Dans le premier cas, les changements d'eau (partiels) pourront être quasiment effectués sans contrôle physico-chimique, alors que dans le deuxième cas l'instabilité des paramètres nécessitera des contrôles et des corrections fréquents. L'eau devra titrer un TH inférieur à 10 °f. Son pH devra se situer entre 5,7 et 6,5. Quant à la conductivité elle oscillera entre 100 et 200 µS/cm.

Des expériences faites à ce sujet ont révélé que le pH ne doit pas descendre en dessous d'une certaine limite.

À pH 4,5 l'apparition de troubles se manifeste (décoloration, mucus protecteur devenant laiteux, effritements des nageoires, mouvements natatoires irréguliers, etc.).

À titre d'information voici quelques valeurs physico-chimiques recommandées par différents auteurs allemands réputés :

-E. Schmidt , de 4 à 8°f de dureté carbonatée et pH 6,8 ;

-Weingarten , de 4 à 9 °f de dureté carbonatée, pH 4,4 à 6,4 ;

-Skipper, jusqu'à 8 °f de dureté carbonatée, pH 6,2 à 6,6 ;

-Fichtner : de 8 à 10 °f de dureté carbonatée, pH 5,5 ;

-Keller : jusqu'à 7 °f de dureté carbonatée, pH 5,7 ;

-R. Geisler : de 2 à 4 °f de dureté carbonatée, pH 5,0 à 6,5.

Nous n'attendrons pas de ce type de bac des résultats pleinement satisfaisants, mais cependant nous pourrons logiquement assister à des pontes menées à terme (survivance de quelques alevins sélectionnés « naturellement »). En somme, ce genre d'aquarium convient plutôt à satisfaire le puriste qui ne recherche pas systématiquement la reproduction intensive.

Éléments de décors

- Le bois

En principe tous les bois en provenance du commerce aquariophile pourront convenir, que ce soient des racines ou des branches. Ces bois sont généralement issus de tourbières plus ou moins acides. Il convient toutefois de leur porter une attention particulière avant leur introduction dans l'aquarium. Il faut les brosser et les ébouillanter afin de les débarrasser des fibres peu fixées et des poussières provenant du transport et du stockage.

- Les pierres

Les roches utilisables doivent être impérativement neutres et résister à l'agression de l'eau douce et acide. Méfiez-vous des roches colorées et optez pour le naturel tels les quartz, schistes ou ardoises.

- Les plantes

Compte tenu de la température de maintenance des Discus (28 à 30 °C), nous sommes bien au-delà des températures optimales (24 à 26 °C) de la majorité des plantes d'aquarium ou palustres. La faible minéralisation est également un handicap pour les plantes, dont dépend également la solubilité du CO_2 qui leur est nécessaire.

Saisissant, ce décor artificiel recrée parfaitement une berge d'un rio amazonien.

Malgré les inconvénients liés à la spécificité des Discus, il est possible de maintenir certaines espèces végétales à condition de rétablir un équilibre dans la Loi des minimums par rapport aux principaux facteurs « nuisibles » que sont la température et la carence en sels minéraux.

Il faut augmenter l'intensité d'éclairement et la durée à 14 heures, diffuser du CO_2, augmenter légèrement le pH vers 6,7 à 6,9 et augmenter la minéralisation entre 200 et 300 µS/cm. Quelques plantes sud-américaines notamment parmi les *Echinodorus* (*E. amazonicus, E. berteroi, E. cordifolius, E. osiris, E. portoalegrensis*) poussent d'ailleurs assez bien en eau peu minéralisée. Il faut fournir assez d'énergie aux plantes pour qu'elles puissent lutter contre la température élevée de l'eau.

Ce décor est réalisé avec de véritables racines, ce qui accentue son côté naturel.

Si l'on respecte scrupuleusement les qualités d'eau nécessaires aux Discus, les plantes n'y trouveront pas suffisamment d'éléments pour prospérer. Il convient donc d'apporter du gaz carbonique et des engrais pour obtenir une végétation luxuriante.

Chapitre 7

L'eau

Les normes physico-chimiques de l'eau pour les Discus revêtent une importance primordiale, surtout sur la sécrétion externe du mucus parental. En effet, chez le Discus, les processus physiologiques intimement dépendants de la qualité de l'eau conditionnent impérativement sa santé et sa reproduction.

La composition physico-chimique

L'eau est un des éléments les plus abondants de la nature. Cet élément semble au premier abord très simple, si l'on n'a pas daigné procéder à un examen approfondi. De nombreux aquariophiles, en négligeant ou en méconnaissant cet élément tellement facile à obtenir en grande quantité, ont subi des échecs.
Ce sont les prélèvements d'eau effectués dans la nature qui seront le plus l'objet de critiques. Le prélèvement effectué à une source nous permettra certes d'obtenir une eau fraîche et limpide, mais en fait, cette eau recèlera des sels, des matières « humiques » en solution, et des matières organiques en suspension. Ces sels et ces matières seront en augmentation constante au fur et à mesure que l'on prélèvera de l'eau de plus en plus loin, dans le ruisseau, la rivière ou le fleuve. Quant aux prélèvements d'eau effectués dans les mares ou dans les étangs, nous les déconseillons farouchement. Ces eaux possèdent en effet le plus souvent une grosse « charge » minérale, biologique et gazeuse. De plus, à l'insu de l'aquariophile, elles ont pu être polluées.
En résumé, si l'on tient compte du peu de commodité du transport de l'eau prélevée (le plus souvent dans des récipients mal lavés ou fragiles) et du coût de ce transport, il ne vaut pas la peine d'aller chercher dans la nature une eau dont la qualité reste douteuse.
Nous recommanderons au contraire l'utilisation des eaux de conduite, malgré quelques petits inconvénients mineurs faciles à éviter.

Chimie de l'eau

L'eau est l'élément le plus apte à détruire la cohésion moléculaire d'un grand nombre d'éléments, c'est-à-dire à les dissoudre. En fait, la plupart des substances gazeuses, minérales et organiques, peuvent se dissoudre dans l'eau et par inversion être restituées à leur état original.
Cette propriété de dissolution permet aux végétaux et animaux aquatiques de trouver presque tous les sels nutritifs nécessaires à leur métabolisme.
L'on a tendance à considérer l'eau comme un élément stable et inerte, alors qu'en réalité il s'agit de l'élément le plus réactif à toutes les substances. À ce sujet, nous, aquariophiles, en connaissons particulièrement toute l'ampleur et la complexité.

- Les gaz dissous dans l'eau

L'eau, solvant parfait, dissout en premier les gaz. Biologiquement parlant, nous savons tous l'importance que prennent les deux gaz fondamentaux O_2 et CO_2 dans l'équilibre de l'aquarium. Les poissons, comme tous les organismes aquatiques supérieurs, sont tributaires de l'oxygène contenu dans l'eau pour assurer leur métabolisme.
L'oxygène est absolument nécessaire à la vie des organismes aquatiques dans lesquels sont inclues les plantes, qui le consomment également pour assurer leur métabolisme.
Les poissons, comme tous les animaux hétérotrophes, utilisent l'oxygène et le transportent grâce à la respiration et à la circulation sanguine jusqu'au sein même de la cellule qui l'exploite comme oxydant pour fournir son énergie.
Le gaz carbonique est la matière première des plantes. Par synthèse, celles-ci élaboreront les hydrocarbonés, principaux constituants du règne végétal.
Chimiquement parlant, le gaz carbonique possède bien des propriétés, notamment dans les eaux pourvues de sels de métaux alcalins et alcalino-terreux, où il se combine à eux pour former des bicarbonates.

Dans cet affluent du Rio Purus, l'eau est adaptée aux Discus. pH 5,0, dureté totale : 5 °f, température 27 °C.

Dans l'eau pure le gaz carbonique forme un acide qui devient agressif pour des sels tels que la chaux et la magnésie. En présence de ces sels, l'acide carbonique formera pour une partie des bicarbonates, et l'autre partie restera en équilibre instable. La dissolution des gaz dans l'eau s'effectue principalement à la surface de contact avec l'atmosphère. Cette dissolution est d'autant plus aisée que la surface d'exposition ou interface est plus grande. Ceci est un principe fondamental de la biologie de l'aquarium. C'est en effet par cette « fenêtre » de l'aquarium, que la plus grande partie de l'oxygène pénètre dans l'eau, et qu'une partie du gaz carbonique quitte le fluide. Pénétrés de ce principe, nous porterons toute notre attention sur les dimensions d'un aquarium lors de son achat ou de sa construction. Ainsi, tout en sauvegardant l'aspect esthétique de ses dimensions, nous donnerons la préférence au bac large et peu profond (hauteur). La dissolution des gaz, et notamment de l'oxygène, peut être complétée par un brassage de l'eau. Ce moyen complémentaire pour activer la dissolution de l'oxygène et l'évacuation du gaz carbonique est obtenu en aquariophilie par l'emploi des diffuseurs à grosses bulles, ainsi que par l'utilisation des rampes perforées qui, placées au-dessus de la surface de l'eau de l'aquarium, rejettent l'effluent filtré. Les diffuseurs à grosses bulles provoquent surtout des courants ascensionnels qui transportent les couches d'eau sous-jacentes à la surface, leur permettant ainsi de se libérer du gaz carbonique et d'accaparer l'oxygène. L'eau refoulée par les pompes va s'enrichir encore de ce gaz lors de son rejet par la rampe.

L'aération améliore l'oxygénation de l'eau de l'aquarium à Discus.

Sachons encore que la température de l'eau joue un rôle important dans la dissolution des gaz. C'est ainsi que l'eau froide dissout plus rapidement l'oxygène et le conserve ; à l'inverse son taux s'amenuise au fur et à mesure de l'élévation de la température.

Quantitativement, et comparativement aux autres gaz dissous, nous trouverons une saturation d'oxygène voisine de 13,2 mg/l à 0° C,

tandis qu'à 30° C, elle est réduite à 7,6 mg/l, alors que le taux d'oxygène dans l'air est de 20,6%.

- Les minéraux et l'eau

Dissous par l'eau pourvue de gaz, ces minéraux seront en définitive des sels dissociés (anions ou cations) dont quelques-uns participeront activement, directement ou non, aux différentes phases de la vie animale et végétale aquatiques, soit en tant que constituants, soit encore par actions métaboliques.
Le plus commun de ces minéraux est le carbonate de calcium ($Ca\ CO_3$) qui se présente dans la nature sous les formes habituelles de calcite (spath), d'aragonite et de craie.
Le carbonate de calcium et le carbonate de magnésium, sont les constituants de base des principales roches, dites calcaires. Celles-ci nous intéressent en premier lieu en raison des réactions chimiques qu'elles provoquent aussi bien dans le milieu naturel qu'en aquarium.
Nous savons que le carbonate de calcium est peu soluble dans l'eau lorsque cette dernière est dépourvue de gaz carbonique. Par contre, si cette eau est chargée de gaz carbonique, celui-ci s'unit au carbonate de Calcium pour former du bicarbonate de Calcium, qui lui est soluble dans l'eau. Cette réaction est capitale en aquariophilie, aussi retenons cette formule qui nous servira en maintes occasions .
(voir tableau ci-dessous)

La conductivité

La connaissance de cette valeur est à l'heure actuelle l'un des facteurs primordiaux dans les domaines de la maintenance et de la reproduction des espèces de poissons réputées difficiles tel le genre *Symphysodon*.
L'emploi de plus en plus courant de l'osmose inverse en aquariophilie pour l'obtention de l'eau déminéralisée (et son contrôle), a amené les amateurs à s'attarder sur ce sujet.

- Données théoriques

Au préalable rappelons quelques données chimiques élémentaires de l'eau. Lors de contrôles de l'eau en aquariophilie les principales analyses effectuées portent sur :
- la dureté, plus précisément la dureté totale. Cette dureté totale nous indique la teneur globale en sels de calcium et magnésium.
Pour information :
1°dGH =1,78 °f de TH, ce qui veut dire que 1 degré allemand de dureté totale est égal à 1,78 degré français de dureté totale ;
- la dureté carbonatée ou temporaire, qui nous indique la teneur en bicarbonates de calcium et magnésium, en carbonates de calcium et magnésium, exprimée souvent en dKH (mesure allemande).
1°dKH = 1,78 °f de dureté carbonatée ou temporaire ;
- la dureté permanente nous indique la teneur en sulfate de calcium, en chlorures de calcium et magnésium.
Sachons que : dureté temporaire + dureté permanente = dureté totale. Ces mesures sont aujourd'hui facilement réalisables grâces aux nombreux tests commercialisés (Actizoo, Aquapharma, Aquarium systems, JBL, Rena, Sera, Tetra, etc.).

La conductivité ne pourra jamais remplacer le contrôle des diverses duretés, celles-ci gardent, toutes, leur importance.

carbonate de calcium (calcaire)	+	gaz carbonique (insoluble)	+	eau	→	bicarbonate de calcium (soluble)
$Ca\ CO_3$		CO_2		H_2O		$Ca\ (HCO_3)_2$

Le pH est un paramètre essentiel qu'il faut parfaitement maîtriser pendant la période d'incubation des œufs. 80% des échecs sont dus à une valeur inadaptée ou à des variations importantes du pH.

Le pH

Le pH est très variable. Il dépend :
- de l'origine de l'eau ;
- de l'état biologique de l'eau.

L'eau d'un aquarium ne conserve jamais son pH d'origine. Celui-ci subit des fluctuations importantes avec le temps, en fonction de l'équilibre biologique qui s'y établit. Cet équilibre dépend lui-même des facteurs appliqués à l'aquarium : lumière, oxygène, chaleur, état de la plantation et densité du peuplement de l'aquarium.

Les eaux pourvues d'acides faibles avec leurs sels sont dites tamponnées. Elles sont à même de « défendre leur pH » contre l'influence de toutes substances acides ou alcalines introduites dans l'aquarium.

Dans le cas des eaux très pauvrement minéralisées, il n'y a pas d'effet tampon. De ce fait, les actions des substances acides ou alcalines sont immédiates et se traduisent par des variations du pH dans l'un ou l'autre sens. Le gaz carbonique rejeté par les poissons augmente encore la descente du pH vers l'acidité. Les eaux déminéralisées ou très peu minéralisées dont l'usage est pourtant très courant en aquariophilie dans les cas d'acclimatation de poissons à problèmes en particulier, peuvent être néanmoins tamponnées par des matières organiques, telle la tourbe (mousse type *Sphagnum*). Celle-ci, après avoir libéré certaines substances actives, tels les acides organiques (humique, tannique) à effets régulateurs, garde en réserve une autre partie de ces acides à formes non actives, et crée un pouvoir tampon dans ces eaux.

- pH optimum et marges d'adaptation

Il existe, pour chaque espèce aquatique, qu'il s'agisse de plantes, poissons ou de micro-organismes, une valeur de pH en général bien déterminée, optimale pour son développement. Autour de cette valeur optimum se trouve une certaine marge d'adaptation où l'organisme peut encore se développer.

- Bac de ponte

Dans les bacs de ponte, il faut respecter strictement les valeurs optimales de pH, et éviter tout changement brusque. Les variations d'alcalinité ou d'acidité ont pour effet d'entraîner des variations immédiates dans les constantes physiques internes de l'œuf. L'on peut dire que 80 % des insuccès dans l'élevage des ovipares proviennent soit d'une eau à pH défavorable, soit de brusques modifications de pH durant l'incubation (modifications dues à un changement d'eau, à un changement de l'un des facteurs appliqués à l'aquarium : température, oxygène, lumière, soit à un changement des gaz dissous dans l'air ambiant, etc.).

Analyses des eaux

- Les nitrates

L'Azote (N) est un élément indispensable à la vie végétale et animale, en raison du rôle joué dans l'apport des protéines. La teneur en nitrates dans les eaux potables ne doit pas être supérieure à 50 mg/l (ou ppm) de NO_3^- (norme de l'OMS). Dans les eaux d'aquariums d'ensemble, une concentration en nitrates d'environ 200 mg/l de NO_3^- ne doit pas être dépassée. Elle sera de préférence bien inférieure. En ce qui concerne les *Symphysodon,* cette concentration doit être ramenée à une valeur beaucoup plus basse, notamment par des changements d'eau.

Méthode d'analyse : test de colorimétrie.

- La conductivité

Les principaux échecs de reproduction proviennent généralement de l'emploi d'une eau inadaptée ou permutée. Une eau permutée peut avant traitement avoir une dureté totale de 18 °f (soit 10°dGH), soit une conductivité de 450 µS/cm, et après permutation (adoucissement) avoir comme valeurs : 0 °f, soit 480 µS/cm. Dans ce cas la dureté n'est plus perceptible mais en revanche la conductivité a augmenté (indiquant toujours une charge minérale, mais sous une forme différente).

Par ce traitement (permutation = adoucissement) l'eau ne devient pas meilleure ou plus douce. Le traitement (adoucissement) consiste à effectuer un transfert cationique des sels de calcium et de magnésium à l'aide d'une solution de sodium (sous forme de chlorure : NaCI) pour retrouver après le traitement une eau contenant alors : bicarbonate de sodium, sulfate de sodium et chlorure de sodium. Dans cette éventualité, l'aquariophile qui croit posséder une eau nantie de tous les éléments chimiques situés dans des plages optimales : pH, dureté carbonatée, dureté totale (valeurs confirmées par des mesures réalisées à l'aide de réactifs chimiques) ne comprend pas la cause de ses échecs.

- La dureté totale

Par dissolution, l'eau extrait du sol principalement des sels de calcium et de magnésium. Les quantités peuvent être très différentes. On peut donc considérer les eaux de la façon suivante (TH °f) :

0 à 5°f = eau très douce
6 à 10°f = eau douce
11 à 15°f = eau moyennement dure
16 à 20°f = eau dure
21 à 40°f = eau très dure à proscrire pour la maintenance des *Symphysodon*.

- Le pH

Concentration en ions hydrogène = potentiel Hydrogène.

Utilisation du conductivimètre

En utilisant une eau déminéralisée (1 à 5 µS/cm) filtrée sur tourbe, le pH se maintiendra dans une fourchette de 5,0 à 6,0 et la conductivité augmentera jusqu'à la dissolution complète des acides humiques contenus dans la tourbe. En ce qui concerne les mélanges, l'appareil permet d'ajuster facilement la conductivité d'une eau composée à partir d'eaux de duretés différentes, principalement pour les espèces qui ne requièrent pas une dureté extrêmement faible. Par ce principe électrophysique, toutes les matières dissoutes dans l'eau (nitrites, nitrates, médicaments, nourritures non consommées, pollution d'ordre général) se relèvent sous une valeur globale à l'aide du conductivimètre. Ainsi un bac installé ayant au départ une valeur de 150 µS/cm, verra au fil des jours sa conductivité augmenter. Suivant la charge quotidienne de substances dissoutes ajoutées ou produites, cette valeur augmentera plus ou moins rapidement.

Lorsque cette valeur aura atteint 200 à 220 µS/cm ou le seuil que vous vous serez fixé, un changement partiel de l'eau sera effectué afin de rétablir la valeur à son niveau initial ou légèrement inférieur à l'aide d'une eau déminéralisée.

Les mesures régulières de la conductivité permettent de contrôler l'eau de l'aquarium des Discus. La valeur lue ici (309 µS/cm) est trop élevée. Un coupage avec de l'eau osmosée est à envisager.

Le contrôle du pH à l'aide d'un pH-mètre électronique est des plus pratique.
Pour qu'il soit fiable, l'appareil doit être étalonné régulièrement.

Les « poissons à problèmes » en particulier ne peuvent vivre que dans un domaine de pH déterminé. En l'occurrence les *Symphysodon* quant à eux supporteront une fourchette de l'ordre de 5,5 à 7,5. Ils pourront rapidement être incommodés lorsque le pH sera inférieur à 4,5 ou supérieur à 8.0. Pour surveiller le pH d'une façon pratique, il existe plusieurs procédés plus ou moins complexes et efficaces. Nous retiendrons la méthode dite d'électrométrie (pH-mètre).

Préparation de l'eau

- La déminéralisation

Actuellement ce sont les osmoseurs, qui dans le domaine de la déminéralisation des eaux, offrent les meilleures performances. Ces appareils de conception très simple éliminent les manipulations chimiques et il suffit de changer une membrane lorsqu'elle est colmatée. Cependant, une certaine prudence est encore de rigueur lors du choix des modèles. Quant aux résines, elles ont été reléguées au second plan, car leur régénération est laborieuse, et non démunie de risques dus aux manipulations chimiques, ainsi qu'à un certain nombre de risques intrinsèques aux résines elles-mêmes selon leurs qualités spécifiques.

- L'osmose inverse

D'énormes progrès ont été faits dans la réalisation des membranes semi-perméables. Les meilleures, destinées à l'aquariophilie, sont actuellement en polyvinyle et il importe que l'aquariophile soit certain que sa future membrane soit de cette matière (Allgayer 1992).

Elle pourra rester sans utilisation pendant près de 3 mois sans subir de dommages par les bactéries, qui toutefois s'y développent. C'est pourquoi, il importe dans ce cas de jeter les 2-3 premiers litres de perméat. Le chlore est supporté jusqu'à une

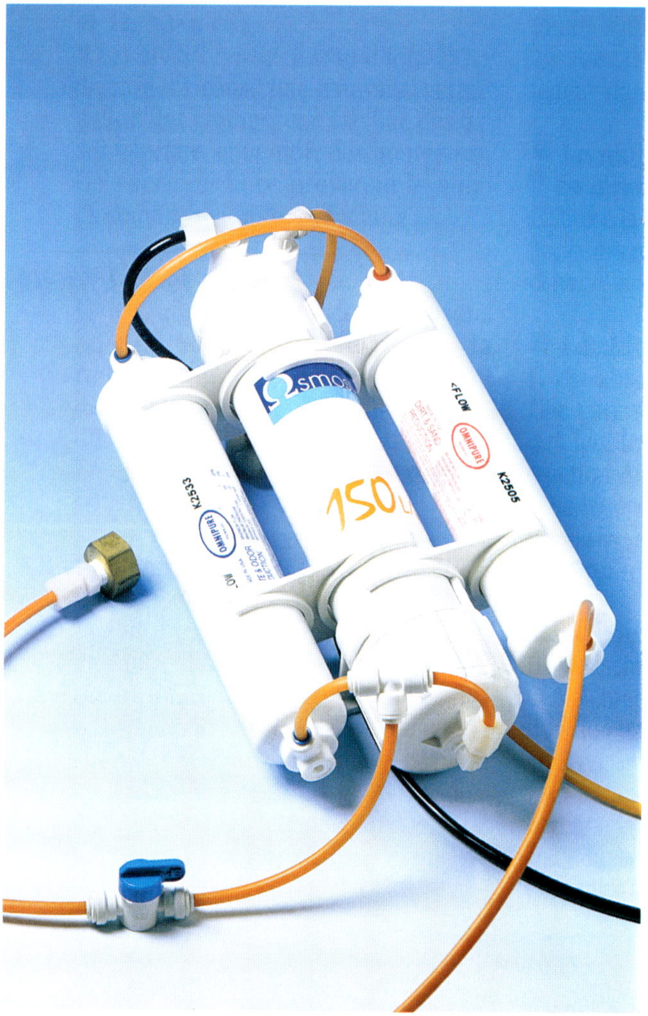

des métaux lourds sont à l'état de traces dans l'eau de conduite.

Recommandations particulières concernant l'eau des aquariums de maintenance et de reproduction des poissons du genre *Symphysodon* : aujourd'hui, après quelques années d'utilisation exclusive de l'osmose inverse, le problème demeure. L'eau naturellement douce (30 à 150 µS/cm) sera acidifiée à l'aide d'une filtration sur tourbe de *Sphagnum* (tourbe horticole sans produits chimiques). Cette tourbe ne sera rincée qu'une seule fois pour ne pas perdre une partie de son pouvoir acidifiant. Elle ne modifiera que très peu la conductivité de l'eau (augmentation légère par la libération d'acides humiques). Il est évident que la quantité de tourbe utilisée sera proportionnelle au volume d'eau à traiter (environ 2 litres de tourbe pour 500 litres d'eau).

L'eau de pluie peut également être considérée comme eau naturelle. Elle peut être utilisée pour la reproduction des *Symphysodon* mais la quantité nécessaire est souvent énorme et sa disponibilité tributaire des conditions météorologiques. Dans ces conditions elle ne pourra être utilisée que comme eau d'appoint.

Sa collecte nécessite d'ailleurs une certaine prudence, principalement dans les régions industrielles où se produisent des émanations d'acide sulfurique dans l'atmosphère.

L'eau déminéralisée sur résines ou osmosée pourra être durcie à l'aide d'un apport d'eau dure afin de rétablir une conductivité comprise entre 80 et 120 µS/ cm.

L'osmoseur est un matériel de base que tout éleveur de Discus se doit de posséder, sauf s'il a en grande quantité à sa disposition une eau faiblement minéralisée.

concentration de 2,5 mg/l alors que la concentration de l'eau de conduite ne dépasse généralement pas 0,5 mg/l. Cette membrane ne nécessite donc pas de préfiltration au charbon actif. Elle permet le traitement d'une eau atteignant une dureté totale de plus de 500 °f de TH. Elle est insensible dans une plage de pH comprise entre pH 3,0 et pH 10,0.

Les pesticides et les herbicides ainsi que les nitrates sont les polluants qui, pour les poissons, sont les plus néfastes et sont présents dans l'eau de conduite à des taux parfois élevés.

L'osmose inverse éliminera près de la totalité de ces polluants, surtout que la plupart

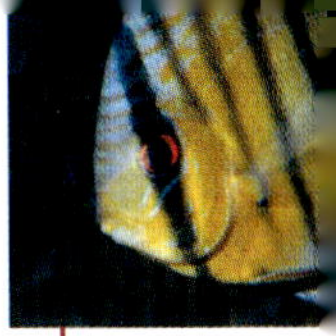

- La stérilisation de l'eau

Les matières filtrantes couramment employées (laines et mousses synthétiques, charbon de bois, tourbes, etc.) ne retiennent que les particules solides ou les colloïdes d'une taille relativement grande, et laissent traverser les micro-organismes. Pour remédier à ces inconvénients, la stérilisation (UV) semble être opportunément la technique complémentaire appropriée. Quoique la stérilisation de l'eau aux UV s'applique plus particulièrement à l'usage de l'aquarium marin, elle peut cependant voir son champ d'application s'étendre à l'eau douce.

Le choix de ces appareils restant principalement orienté vers l'importance du volume d'eau à traiter, les aquariophiles possédant des aquariums dont la capacité est inférieure à 1 000 litres environ pourront employer, par exemple, des stérilisateurs dont la puissance est inférieure à 40 W. En revanche les aquariophiles possédant des aquariums d'une capacité supérieure à 1 000 litres devront de préférence se tourner vers l'emploi d'appareils industriels.

- Eau artificiellement douce

Dans ce cas il est également nécessaire de réajuster la conductivité entre 80 et 120 µS/cm par apport d'eau dure. Cet apport contenant des éléments basiques va tamponner l'eau, mais il sera insuffisant pour empêcher à longue échéance l'abaissement du pH. Ainsi cette eau artificiellement douce va inéluctablement chuter vers la barre fatidique de 4,5. Néanmoins cette chute vers l'acidité qui est principalement due à la présence de gaz carbonique, peut être patiemment jugulée par une aération intense de l'eau à l'aide de diffuseurs à bulles fines. L'utilisation du bicarbonate de soude pourrait être également envisagée, mais comme pour l'acide faible, le bicarbonate (base faible) augmentera la conductivité d'une façon inacceptable. Cependant les éleveurs utilisent le bicarbonate pour tirer rapidement les *Symphysodon* d'une situation fâcheuse (acidose). Dans le cas d'une acidose grave, une forte quantité de bicarbonate de soude peut être alors utilisée sans danger. Ces eaux très élaborées devront faire l'objet de soins et de surveillances constants et attentifs. Dans ce but nous recommandons aux aquariophiles désirant se lancer dans le traitement des eaux pour la reproduction des *Symphysodon* d'acquérir un pH-mètre électronique et un conductivimètre.

La stérilisation par ultraviolets est parfois nécessaire pour traiter l'eau et éviter des pathologies. Les fabricants proposent des petits matériels aisément adaptables.

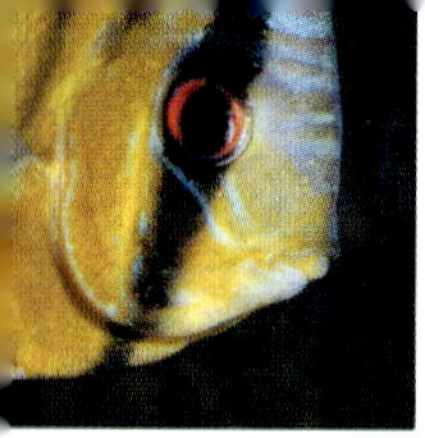

Chapitre 8

Alimentation

Nous pensons que l'alimentation doit être considérée plus que jamais comme le facteur numéro un de réussite en matière de maintenance et de reproduction. Le choix, la qualité, la diversité et la quantité des aliments sont prépondérants, ils influenceront toutes les phases de la vie du *Symphysodon*. Nous ne devons pas oublier que la plupart des maladies intestinales dont souffrent parfois les *Symphysodon* sont imputables à une alimentation malsaine ou mal adaptée. Autre détail important, nous avons vu que la bouche de ce poisson, comparativement à sa taille, est relativement petite, ce qui implique un choix de dimensions parmi les nourritures que nous serons appelés à lui fournir.

Les collecteurs ont observé que dans son habitat naturel, le *Symphysodon*, en complément du zooplancton local qu'il absorbe, broute le gazon biologique qui recouvre les branches et les troncs d'arbres immergés. Ce gazon biologique est en majorité composé d'algues filamenteuses dans lesquelles se trouvent de nombreux animalcules unicellulaires ou pluricellulaires, des larves et des insectes aquatiques.

En conclusion de ce qui précède et des expériences réalisées par un bon nombre de scientifiques et d'éleveurs professionnels, nous pouvons dégager deux impératifs essentiels en ce qui concerne la nourriture, à savoir :

- la richesse des aliments (qualité, contenu, variété) ;
- la méticuleuse sélection des proies en fonction de leur saine origine.

Cependant, le fait que les proies vivantes les plus nombreuses et les plus substantielles soient issues d'eaux plus ou moins polluées constitue en quelque sorte un dilemme pour l'aquariophile. En tenant compte de cette réalité, nous ne déconseillons cependant pas l'essai de ces nourritures dès l'instant où l'amateur est apte à choisir ses lieux de pêche, à identifier les proies, à les sélectionner et à les épurer.

Les Tubifex, *Lumbriculus* (qui ne sont d'ailleurs pas présents dans les biotopes des *Symphysodon*) seront disposés dans un récipient inaltérable, blanc, et peu profond, un filet d'eau fraîche coulera en permanence sur la masse des vers qui sera remuée de temps à autre. Les Tubifex devront prendre une couleur rouge sang. Les vers présentant des poches ou renflements de couleur blanchâtre ou jaunâtre devront être immédiatement éliminés. Ce dégorgement doit durer au moins un ou deux jours avant la congélation, qui est impérative.

Artémias

Les daphnies vivantes seront laissées quelques heures en eau vieille, dure, propre et très légèrement salée au moyen de gros sel (2 à 3 %). Ces crustacés résistent d'ailleurs à une salinité de 4 %.

Daphnies

Vers de vase

Tubifex

Les larves de moustiques (*Chironomus)* plus communément appelées «vers de vase», seront conservées entre des linges de coton blanc et propres. Ces linges seront humidifiés d'eau fraîche et disposés à l'ombre dans un endroit frais.

Les larves d'autres moustiques comme par exemple : *Corethra, Culex* sont parmi les plus riches en éléments nutritifs.

Elles seront conservées en eau propre et fraîche.

Lorsque l'amateur ne peut pêcher d'une façon sélective ces proies vivantes, il pourra avoir recours à des élevages de crustacés (*Artemia salina*) et de vers (enchytrées, vers de Grindal, etc.).

Les organismes élevés par l'aquariophile sont en principe relativement sains et dans ce cas il ne sera pas nécessaire de les congeler. Il faut cependant savoir que les vers tels : enchytrées, Grindal sont à distribuer parcimonieusement aux reproduc-

Larves de moustiques

Granulés

teurs en raison de leur haute teneur en lipides. En revanche, les *Anopheles*, *Aedes* et autres moustiques piqueurs contiennent une hormone appelée ecdysone associée à une protéine du genre vitellogénine. Ces deux substances (quoique pas encore très étudiées) possèdent un pouvoir stimulateur de la maturité ovarienne chez les femelles de poissons qui les absorbent.

Flocons

La nourriture constituée par des alevins de poissons d'aquarium (Platy, Guppy, Danio, etc.), malgré sa valeur alimentaire incontestable, présente néanmoins certains risques. En effet selon les conditions sanitaires de ces élevages, les alevins peuvent être des vecteurs potentiels de maladies spécifiques aux poissons d'aquarium. En règle générale toute nourriture vivante peut être vecteur ou porteur d'agents pathogènes ou de parasites. Un temps de congélation pourra réduire ce risque.

Les *Symphysodon* sont également très friands de nourritures sèches notamment celles préparées à leur intention. Parmi ces nourritures l'on peut effectuer des distributions alternatives de plusieurs spécialités comme par exemple :

- nourritures Sera : Seravipan, Sera Discus, GVC-Mix, Sera FD ;
- nourritures Tetra : Tetra Min, Tetra Min Pro, Bio Min et plus spécialement Tetra Discus (rouge, bleu, énergie), Tetra délicat, Tetra tips FD. Tetra-Rubin est un aliment d'une qualité exceptionnelle pour les Discus, pour les autres poissons aussi d'ailleurs, mais, avec cette nourriture, la coloration est incomparable et les velléités de ponte semblent plus soutenues. Il faut rappeler que la nourriture déshydratée est certainement celle qui présente le moins de risques sanitaires.

Toutes ces nourritures préparées, distribuées en complément des nourritures vivantes, élargiront avantageusement l'éventail des aliments mis à la disposition des *Symphysodon*.

Une nourriture adaptée

Une autre technique d'alimentation qui présente tous les avantages (facilité de conservation, prix de revient très bas, facilité d'approvisionnement, possibilité d'enrichissement nutritif, etc.) consiste à utiliser du cœur de bœuf.

La préparation de cette nourriture gastronomique s'effectue dans les proportions suivantes :

- 1 kilo de cœur de bœuf finement haché,
- 200 grammes de flocons d'avoine,
- 200 grammes d'épinards pochés (à défaut : salade verte),
- 2 œufs,
- 2 grammes de paprika,
- quelques gouttes d'hydrosol polyvitaminé (Hydrosol Roche à 20 ml/l par exemple),
- 3 ampoules de vitamines B 12 Delagrange,
- 3 comprimés de Fumarate ou de citrate de fer (peu importe la marque) réduit en poudre, pour pallier aux carences.

Cette « pâtée » sera bien amalgamée, congelée et conditionnée en petits cubes. Elle pourra également être congelée en une masse homogène, puis au moment de la distribution, râpée en fragments vermiformes comparables aux vers de vase. Toutefois cette « pâtée » ne devra pas être distribuée plus de deux fois par semaine, car trop riche. Sur les sujets adultes, elle provoque une surcharge au foie et avec le temps la cirrhose.
Afin d'élargir l'éventail des nourritures : les moules, les crevettes marines et la chair de poissons maigres, peuvent également figurer au menu de nos Discus.

Certains amateurs préparent leurs nourritures eux-mêmes. Ces aliments, dans lesquels entrent des composants variés, complètent les nourritures du commerce.

Les gammes d'aliments surgelés sont vastes. Ils sont une bonne alternatlve aux nourritures vivantes, parfois difficiles à mettre en route où à conserver.

Conseils utiles

Il est instamment recommandé aux amateurs employant la méthode de congélation des nourritures de bien les faire dégeler avant de les distribuer aux poissons. Parfois un noyau de gel subsiste au centre de la portion et peut causer des troubles digestifs aux poissons. Quelquefois les poissons sensibilisés par cette anomalie rejettent la nourriture.

Il est également recommandé, pour l'alimentation des jeunes *Symphysodon,* de ne pas passer sans transition des nauplies d'*Artemia salina* aux daphnies. On a souvent remarqué que si l'on fait succéder des distributions de daphnies à celles des *Artemia*, les poissons dédaignent les daphnies. Pour remédier à cet inconvénient il faudra à l'approche de ce changement de proies, mélanger les deux genres pendant un certain temps.

La fréquence des distributions de nourritures est tributaire des buts envisagés par l'aquariophile, à savoir : maintenance des *Symphysodon* en bac d'ensemble, en bac régional ou en bacs destinés à la reproduction. Dans ce dernier cas les géniteurs seront nourris d'heure en heure sans distinction d'époque (conditionnement alimentaire).

Les poissons en pleine croissance (subadultes) devront être nourris à intervalles restreints et cela jusqu'à plein épanouissement de leur taille. Dans tous les cas la quantité de nourriture prévue pour la seconde distribution sera proportionnée à l'excédent de nourriture non consommée résultant de la précédente distribution. Il est vivement conseillé de siphonner la nourriture non consommée dès l'instant où l'on remarque que les poissons se désintéressent de ce surplus.

Pour terminer ce chapitre gardons toujours à l'esprit cette règle en matière de nourrissage qui conseille de nourrir peu, mais souvent.

Chapitre 9

Les maladies et les soins

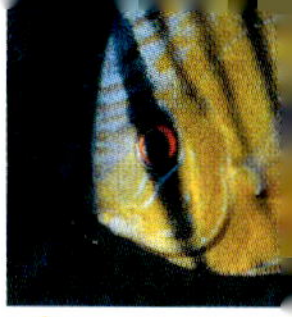

Le *Symphysodon* est un poisson dont les quelques générations de reproducteurs qui se sont succédées depuis son importation, n'ont pas encore permis une immunisation contre les maladies qui infestent parfois nos aquariums. Il en est de même avec les germes pathogènes apportés par la nourriture vivante pêchée dans des pièces d'eau plus ou moins suspectes. C'est pourquoi nous insistons une fois de plus sur la propreté de l'aquarium et sur l'octroi d'un matériel d'entretien (raclette, épuisette, etc.) réservé uniquement aux *Symphysodon*. En résumé : sachant que le poisson est au départ assez réceptif aux maladies et que l'aquarium est un vase clos, il faut à tout prix éviter l'augmentation du potentiel des facteurs défavorables. Cependant, l'on ne pourra pas toujours éviter les maladies latentes et permanentes en aquarium, pas plus que celles amenées par les poissons d'importation.

Parmi toutes ces maladies, certaines sont communes, d'autres sont franchement spécifiques, d'autres encore, nouvelles comme la « peste du Discus » apparue vers 1996 en provenance du Sud-Est asiatique. Les maladies virales, comme la lymphocystose, ne peuvent pas être combattues avec un traitement. Seules l'hygiène et des conditions de vie optimales en captivité évitent la prolifération et le développement des virus envers lesquels les poissons ont une certaine résistance.

L'hexamitose : en premier lieu, il est indispensable de citer cette maladie car elle est malheureusement assez fréquente. La maladie est causée par un flagellé nommé *Spironucleus elegans* Lavier. Il faut noter qu'il existe une deuxième espèce de flagellé spécifique au *Symphysodon* (signalée par Amlacher), il s'agit de *H. symphysodonis = H. intestinalis.*

Cette affection cutanée a disparu après un changement d'eau massif. Preuve qu'il faut maintenir les Discus dans une eau propre.

Hexamita symphysodonis : au premier stade, ce flagellé infeste les organes digestifs du poisson (intestins principalement). Dans ce dernier organe, le flagellé s'attaque à la flore intestinale et il en résulte une diminution d'appétit chez le poisson. Lorsque celui-ci est infesté, sa coloration s'estompe visiblement, ou parfois s'assombrit. Il a également une attitude apathique qui est suivie d'une retraite dans un endroit isolé du bac. Les déjections du poisson sont fluides et transparentes, quelquefois blanchâtres. Ces flagellés se reproduisent par division en deux parties (dichotomie). Leur multiplication est très rapide. Ils peuvent s'enkyster et être évacués avec les matières fécales du poisson malade. Ils représentent alors un danger permanent de contamination par ingestion accidentelle de la nourriture tombée au sol et souillée par les excréments des poissons malades. Les flagellés, après s'être enkystés, peuvent vivre ainsi plusieurs semaines. C'est à ce stade qu'ils peuvent être aisément combattus.

Traitement : bain continu,
400 mg/100 litres de nitramine ou métronidazole.
Tenant compte que l'*Hexamitose* se présente au début de son cycle sous la forme d'une larve enkystée très sensible à l'ozone (O_3) il sera relativement facile de stopper son développement grâce à l'emploi d'un ozoniseur.

Autre agent pathogène de la maladie des trous:

Ichthyosporidium **:** les *Symphysodon* sont souvent victimes de cette maladie infectieuse (à ne pas confondre avec l'*Ichthyophthirius)*. Synonymie : *Ichthyophonus.*

L'*Ichthyosporidium* est un champignon appartenant au groupe des Phycomycètes qui compte de nombreux représentants dans le milieu aquatique. La transmission se fait par l'ingestion des spores, expulsées avec les matières fécales des poissons, ou provenant de tissus détachés, ou de poissons morts. Les spores sont très résistantes, conservant leur pouvoir d'infection pendant des mois. Les altérations pathologiques peuvent être

Le traitement de ces maladies s'effectue au premier stade à la suite d'un diagnostic précoce. Dans ce cas précis les médicaments vendus dans le commerce « aquariophile » (antimycosiques) s'avèrent efficaces. En revanche aux stades 2 et 3 de ces maladies, l'emploi de médicaments de médecine humaine, dont ceux usuellement employés en urologie donnent des résultats remarquables. À cet égard nous citerons notamment le médicament spécifique à la lutte contre *Trichomonas vaginalis* (flagellé pathogène des organes génitaux de la femme) tel que le Métronidazole qui est un produit actif.

Signalons au passage que la « maladie des trous » (*Ichthyosporidium*) se manifeste également en milieu naturel et qu'elle peut être introduite en aquarium par des poissons importés (vecteurs).

La maladie des trous dans la tête est fréquemment rencontrée chez les Discus. Il convient d'intervenir dès l'apparition du premier stade.

confondues avec celles provoquées par l'infection des mycobactéries.
La présence de champignons ou de bactéries acido-résistantes sera déterminante pour le diagnostic.
Chez les *Symphysodon,* ce champignon (au 2ème stade) se localise principalement sur la partie frontale de la tête où il perce la musculature jusqu'à la surface dermique (trous) et qui au stade terminal forme parfois une plaie très large.

Thérapie : Métronidazole (Flagyl®) combiné avec un antibiotique comme le Nifurpirinol = Furanol de JBL, la Tétracycline ou la Néomycine.

Columnaris : (maladie « Columnaris »). Cette maladie est provoquée par un agent bactérien nommé *Flexibacter columnaris* (Leadbetter, 1974). D'autres agents pathogènes (*Chondrococcus* et *Cytophaga*) provoquent les mêmes symptômes.
L'aspect clinique de la maladie varie souvent. Elle se manifeste tantôt par son apparition sur les nageoires impaires, tantôt sur la bouche, souvent sur les branchies. Elle peut visuellement être confondue avec la *Saprolegniose* (mycose) car elle forme également des zones blanches nanties parfois de filaments blancs.

Thérapie : un diagnostic correct est indispensable car la thérapeutique est spécifique. Une thérapie utilisée pour combattre une mycose n'aura aucun effet sur *Columnaris* et vice versa.
L'utilisation des médicaments antibactériens employés en médecine humaine conviendra pour combattre cette maladie, à la condition que ces médicaments restent dans une plage spécifique. Les meilleurs résultats ont été obtenus à l'aide d'Hostacycline à raison de 500 milligrammes pour 80 litres d'eau en bain continu pendant 8 jours. Durant le traitement, la filtration de l'eau doit être effectuée sur une masse neutre, et une bonne oxygénation doit être dispensée.
H.H. Reickenbach-Klinke recommande pour les poissons d'aquarium l'Auréomycine à raison de 10 à 20 milligrammes par litre en bain continu.

Myxosomiose : ou maladie du « Tournis », en anglais : Whirling disease ; en allemand : Drehkrankheit. Cette maladie est provoquée par un Protozoaire (Sporozoaire) répondant au nom scientifique de *Myxosoma cerebralis.* Les premiers symptômes qui se manifestent après l'incubation se concrétisent par un assombrissement de la pigmentation, par d'étranges mouvements de fuite et enfin par un mouvement caractéristique de rotation autour d'un axe imaginaire.
J.C. Nourissat avait décrit cette maladie qu'il avait baptisée « le tournis » et qui affecte les *Symphysodon.* Les symptômes décrits sont très surprenants. Les poissons ont une attitude normale puis subitement ils foncent contre la vitre de l'aquarium et tournent en tous sens comme pris de folie. Ce comportement de folie dure environ 10 à 30 secondes, puis finalement les poissons se cantonnent dans un coin du bac pour récupérer. Ils reprennent ensuite leur position au sein du groupe. Les crises se succèdent et lors d'une d'entre elles le poisson meurt en donnant les apparences d'une crise cardiaque.
J.C. Nourissat, qui avait épuisé en vain toutes les ressources de la pharmacopée (antibiotiques, fongicides, antiparasitaires, etc.) a tenté en dernier recours d'utiliser le sel (technique curative d'ailleurs employée par les vétérans de l'aquariophilie). Cette thérapie appliquée à ce genre de poissons pouvait passer pour saugrenue, cependant elle s'est révélée efficace pour lutter contre cette maladie qui frappait ses *Symphysodon.* Le traitement consiste à faire dissoudre 6 à 10 grammes de sel par litre d'eau (de l'aquarium contaminé) et d'y laisser les poissons pendant une quinzaine de jours. Après cette quinzaine de jours de traitement, dessaler lentement en changeant 1/3 d'eau par jour et pendant une huitaine. Puis ensuite effectuer ces changements à l'eau distillée pendant 8 jours pour atteindre la valeur initiale de maintenance. Cette thérapie simple et presque naturelle a fait ses preuves dans le cas de cette affection mais aussi dans d'autres.

Maladies d'ordre général

De nombreuses maladies communes en aquarium peuvent également affecter les *Symphysodon,* il s'agit notamment des mycoses (champignons) qui rassemblent les groupes *Saprolegnia, Achlya, Aphanomyces, Leptomitus,* etc. Divers traitements peuvent être effectués à l'aide :

- de sel marin à raison de 10 à 25 grammes par litre d'eau. Bain de 10 à 20 minutes ;

- de permanganate de potassium à raison de 1 gramme pour 100 litres d'eau. Bain de 30 à 90 minutes (suivant la taille du poisson) ;
- de sulfate de cuivre à raison de 5 à 10 grammes pour 100 litres d'eau. Bain de 10 à 30 minutes (selon la taille du poisson) ;
- utilisation d'un antimycosique puissant : Tenonitrozole (Atrican®).

En ce qui concerne ces quatre traitements, le poisson doit être surveillé pendant toute la durée de l'opération. En effet la toxicité de ces produits (permanganate-sulfate de cuivre) est de loin supérieure au Bactrim® (Sulfamethoxazole trimethoprime) qui laisse une plage de concentration plus large, et s'emploie à raison d'une tablette pour 40 litres d'eau.

Pourriture et décomposition des nageoires

Cette maladie qui affecte souvent les *Symphysodon* est provoquée par divers agents pathogènes plus ou moins dangereux parmi lesquels on trouve : *Pseudomonas fluorescens, Aeromonas punctata, Aeromonas hydrophila* et *Haemophilus piscium.* Ces agents pathogènes qui sont des bactéries provoquent des altérations des nageoires. Deux de ces bactéries (*Aeromonas punctata, Pseudomonas* sp.) et probablement *Aeromonas liquefaciens* sont spécifiques à l'altération du pédoncule caudal. Au premier stade, la maladie se manifeste sous forme d'une ligne plus ou moins épaisse qui apparaît sur le bord extérieur de la nageoire. Progressivement le tissu et les rayons de la nageoire se désagrègent jusqu'à ce qu'il ne reste plus qu'une plaie ouverte (qui peut d'ailleurs être elle-même infectée par d'autres agents pathogènes totalement étrangers).

Thérapie : bain de 1 à 2 minutes dans une eau à laquelle a été ajoutée une solution de sulfate de cuivre au 1/2000. Dea Couroin conseille un traitement à la Kanamycine à raison de 1 gramme pour 60 litres d'eau. Cet antibiotique est, selon cet auteur, particulièrement efficace pour lutter contre *Aeromonas punctata.* Les agents pathogènes du milieu aérobie comme *Pseudomonas* ne peuvent être atteints que par les antibiotiques du groupe des céphalosporines (Rocéphine).

Parasites

Les vers

- ***Capillaria***. Ce ver est un nématode appartenant à la famille des Trichinidés. Ce ver est long et fin : 0,07 mm x 20 mm pour la femelle et 0,05 mm x 10 mm pour le mâle. On trouve couramment une vingtaine de vers dans les intestins d'un *Symphysodon* parasité. Les vers entament la paroi intestinale de l'animal. Le poisson contaminé se remarque par l'aspect de ses excréments qui sont blancs et floconneux. En examinant à la loupe ces excréments, on peut voir les œufs de *Capillaria* à la forme caractéristique (tonneau portant aux deux extrémités des « bouchons »).

Isolé, le ver n'est pas dangereux, en revanche, la présence simultanée du ver *Capillaria* et de flagellés du genre *Spironucleus* présente alors un caractère de gravité. Agissant de concert, ces deux agents pathogènes conduiront le *Symphysodon* jusqu'à la mort. La suite logique d'une invasion conjointe est facile à deviner. En effet les endroits de l'intestin qui auront été attaqués par les vers seront le domaine de prédilection des flagellés. En dehors des observations que l'on peut faire sur les excréments du poisson malade, l'on remarquera que ce dernier manque d'appétit et devient émacié. Notons également que les Scalaires, les *Uaru* et quelques autres Cichlidés ainsi que certains poissons-chats peuvent être les vecteurs de ces vers.

Thérapie : la technique d'imprégnation de nourritures vivantes est de loin la meilleure et la plus commode des thérapeutiques connues. Elle consiste à laisser imprégner des proies vivantes (Chironomes, *Corethra*, etc.) dans une solution de Concurat à 2-4 g/l. Concurat est le nom commercial d'un antihelminthique à large spectre.

- ***Posthodiplostomum cuticola.*** Il s'agit d'un trématode *digenea* qui, au stade adulte, mesure environ 4 mm de long, et dont le cycle de vie passe par plusieurs hôtes. Il finit par se fixer dans la musculature du poisson.

Thérapie : le parasite peut être détruit sous toutes ses formes sauf au stade métacercaire (enkystement noir).
Nous emploierons pour le traitement en bain continu (à 27° C et forte oxygénation) du Neguvon-Masoten (Trichorfon) à 0,4 mg/l.

- ***Diplozoon paradoxum.*** C'est un ver parasite des branchies qui affecte les Cichlidés, les Cyprinidés et les poissons-chats. Les jeunes parasites vivent séparés jusqu'à leur maturité sexuelle puis s'unissent dans un état d'accouplement permanent pour former ce « double animal » à l'aspect très caractéristique. Ces vers causent la mort de nombreux poissons d'aquarium dont *Symphysodon*.

Thérapie : l'on peut d'abord essayer un traitement par bains de courte durée dans de l'eau salée (sel marin à raison de 10 à 20 grammes par litre d'eau).
Le Neguvon en bain continu à raison de 0,4 mg/litre pendant 2 jours semble efficace. On peut renouveler le traitement après 10 jours.
Durant le traitement, baisser la température de l'eau à moins de 27° C.

- **Vers intestinaux** (Cestodes, Nématodes, Trématodes, etc.)
Le poisson est apathique ; les excréments sont fluides, filamenteux et blanchâtres. Le poisson ne mange pas, ou rejette la nourriture.

Thérapie : selon les vers (ex. : Nématodes), avec du Flubendazole ou du Tétramisole. Si l'infection est trop importante, il est possible de traiter le poisson au formol 35 % à raison d'1ml de produit pour 10 l d'eau pendant 30 minutes environ.

Attention : il faut bien surveiller le poisson. En effet, ce produit étant très toxique, tous les vers qui infestent le poisson mourront mais si le poisson ne supporte pas, il faut le retirer immédiatement !

- **« Peste ou sida ».** Depuis quelques années (1996) et avec l'arrivée en masse de Discus en provenance du Sud-Est asiatique est apparue une « maladie » dont le symptôme est simple. Le Discus meurt en bonne santé ! Nous l'avions appelée « Peste ou Sida ». Rien n'apparaît sur le Discus, il ne s'assombrit pas, mange de temps en temps, se promène dans le bac.

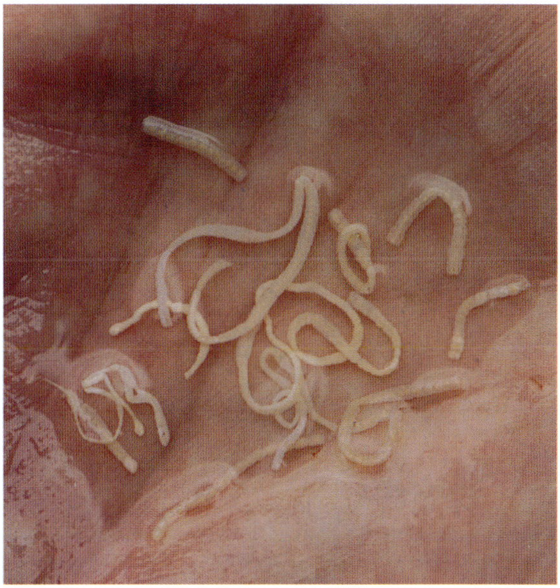

Ces impressionnants fragments de taenia ont été prélevés dans l'intestin d'un Discus.

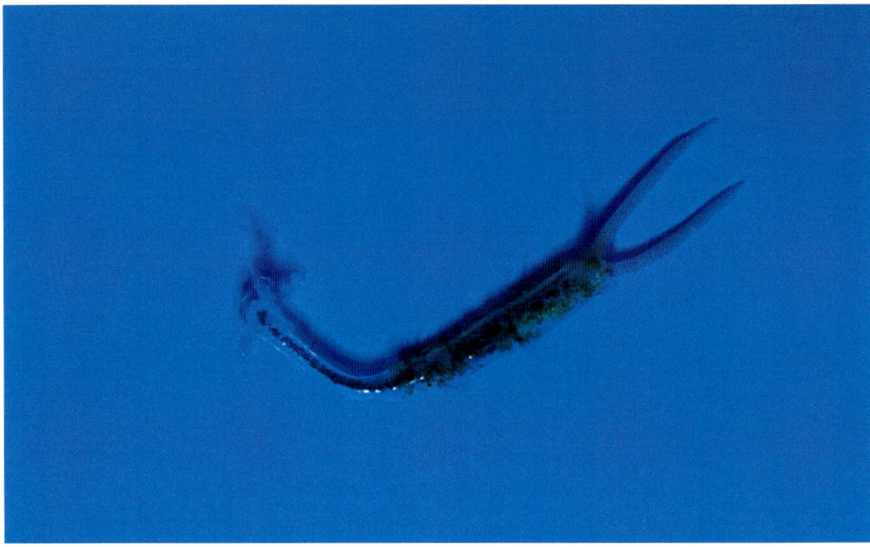

Les lernées sont des vers parasites facilement décelables sur un poisson. Leur retrait s'effectue sans difficulté.

Le lendemain il est mort !
Tous y passent en l'espace d'une semaine après la mort du premier. Kastner lors de l'infestation de son cheptel de Discus en 1997 avait essayé de les guérir avec tous les moyens connus jusqu'à ce qu'il traite avec succès ses Discus au FMC (**F**ormol-**M**alachite-**C**uivre).
Nous reviendrons sur ce traitement un peu plus loin.

Les crustacés

Les crustacés parasites qui peuvent s'attaquer aux *Symphysodon* (entre autres), sont recensés parmi les familles suivantes : *Argulidae, Ergasilidae, Lernaepodidae* et *Lernaeidae*. En général ces parasites se fixent sur les ouïes et sur les nageoires. L'on découvre facilement ces organismes car leur taille permet de les voir à l'œil nu. Thérapie : l'on peut parfois débarrasser le poisson des parasites avec une pincette et ensuite désinfecter la plaie (laissée après son décollement) avec du Mercurochrome. En ce qui concerne la lutte contre ces crustacés à l'aide de médicaments, il ne faut pas perdre de vue qu'ils sont protégés de l'intervention du produit grâce à leur cuticule. Pour lutter efficacement contre ces parasites, nous emploierons le Neguvon que l'on trouve dans le commerce sous forme de préparation destinée au traitement des poissons. Le traitement s'effectue en bain de longue durée à la dose de 0,4 à 1 mg/litre pendant 3 à 4 jours.

Traitement thermique

En ce qui concerne la généralité des maladies et des parasitoses qui affectent les *Symphysodon,* une méthode est employée par J.C. Nourissat (éleveur bien connu) ; il s'agit de l'élévation de la température de l'eau des bacs. Par ce traitement thermique l'ensemble de la population est traitée contre les affections mal connues et principalement lorsque les poissons présentent un aspect anormal (assombrissement, crainte, perte d'appétit). Ce traitement consiste à élever la température de l'eau jusqu'à 37 °C pour les adultes pendant 3 à 5 jours, et à 34 à 35 °C pendant 8 à 15 jours pour les subadultes (ces derniers ne supportent pas des températures supérieures). La montée de la température devra surtout être progressive c'est-à-dire de 30 à 37 °C, étalée sur une durée de 3 ou 4 jours. Le retour à une température optimale (30 °C) devra être également progressif.

Une attention toute particulière devra être portée sur la qualité du thermostat ainsi que sur le contrôle de la température à l'aide d'un thermomètre très précis. Il faudra également augmenter la diffusion d'oxygène dans l'eau. Après ce traitement thermique et dans la majorité des cas, les *Symphysodon* reprennent une coloration normale et retrouvent l'appétit. Bon nombre de bactéries et parasites en tous genres ne supportent pas cette augmentation de température, notamment les crustacés parasites (*Livoneca*) et les vers branchiaux (Trématodes) qui sont éliminés d'une façon naturelle. Au cours de ce traitement thermique une grande prudence devra être respectée. Elle se traduira par une surveillance sans relâche des poissons lorsque la montée de la température atteindra le seuil de 35 °C. Certains *Symphysodon* ne tolèrent pas ce dépassement alors que d'autres supportent allègrement la barre des 40 °C.

Le sulfate de cuivre est un traitement efficace contre de nombreux parasites. Mais les invertébrés présents dans le bac sont perdus !

Médicaments courants

(antibactériens et antiparasitaires)

Vert malachite sans zinc (oxalate) ; ne pas utiliser le sulfate qui est trop toxique. Dosage 0,04 mg/l (solution mère préparée avec 4 g dans un litre d'eau distillée, mettre à l'abri de la lumière, 1 ml de cette solution pour 100 litres de d'eau de l'aquarium).

Indications : Protozoaires (*Oodinium, Ichtyo*) ; traitement systématique en bac de quarantaine pour tout nouveau poisson ; associé dans la composition du FMC.

Durée : au moins 3 jours.

Vente en pharmacie et magasin aquariophile ; JBL Punktol.

Sulfate de cuivre

Dosage 10 ml /100 litres d'une solution mère de 16 g dans un litre d'eau distillée + 4 g d'acide citrique (E330).

Indication : protozoaires, ne pas utiliser dans l'eau de mer avec des invertébrés. Le sulfate de cuivre se combine aux bicarbonates et précipite en moins de 24 heures.

Durée : à renouveler tous les 2 jours, traitement à renouveler après 2 semaines dans le cas des Protozoaires (éclosion des cystes de seconde génération).

Vente en pharmacie, droguerie et magasin aquariophile ; JBL Oodinol.

Sel marin

(sans additif)

Dosage : 4 à 8 g/litre en bain continu, 10 à 20 g pendant 20 minutes.

Indication : certains protozoaires et bactéries. Bonne aération du bac. Dessalage progressif des poissons. Ne pas utiliser en bac planté.

Vente en grande surface, ou sel synthétique en magasin aquariophile.

Neguvon
(Masoten, Trichlorfon, Métrifonate)
Dosage : 0,4 mg/l à 0,6 mg/l pour l'ensemble des Cichlidés, attention les poissons de fond (Loricariidés, Callichthyidés et beaucoup de Characoides ne supportent pas cette dose. Le Neguvon est un réducteur, il convient pendant le traitement de ne pas dépasser la température de 27 °C et de bien aérer l'aquarium.

Indication : vers ectoparasites, certains endoparasites, crustacés parasites.
Durée : 5 jours, faire un changement d'eau de plus de la moitié du bac et renouveler le traitement pour la quantité d'eau changée.

Vente en pharmacie vétérinaire, sous forme de poudre et non en sirop, faire préparer des gélules pour 100 litres ou 500 litres.

Tétramisole 10%
Dosage : 2 g dans un litre d'eau où sont placés les vers de vase. Ceux-là meurent par intoxication puis sont immédiatement distribués.

Indication : le Tétramisole est principalement utilisé contre les vers intestinaux comme le Neguvon, mais il est plus efficace en imprégnant des proies vivantes (vers de vase vivants) lorsque les poissons mangent encore.
Durée : une fois par jour pendant 5 jours.

Vente en pharmacie vétérinaire (vermifuge des mammifères).

Flubendazole (Flubénole)
Dosage : 100 à 200 mg/100 litres pendant 2 à 5 jours.

Indications : vers ecto et endoparasites. Pas de lumière au-dessus du bac. Changement d'eau partielle 1/3 à 1/2 de la contenance du bac.
Mauvaise dilution dans l'eau.

Vente en pharmacie vétérinaire (vermifuge des mammifères). Poudre jaune.

Métronidazole (Flagyl®)
Dosage : jusqu'à 500 mg/100 litres. Ce médicament était encore efficace à 80 mg/100 litres il y a une quinzaine d'années. Une certaine résistance de la part des parasites s'est installée.

Indication : *Hexamita, Spironucleus*, toxicité rénale et hépatique, cancérigène et tératogène.
Associé à la Spiramycine, c'est le Rodogyl. Il permet de combattre simultanément les bactéries opportunistes.
500 mg/100 litres.

Vente en pharmacie sur prescription vétérinaire ou autres.

FMC
(**F**ormol + Vert de **M**alachite + sulfate de **C**uivre)
Faire une solution mère à partir de 1 litre de formaldéhyde à 37 à 40%
où sont dissous 4 g de Vert de malachite et 16 g de sulfate de cuivre.
Dose : 1,2 ml /100 litres d'eau de l'aquarium à renouveler 2 à 3 fois par jour pendant une semaine.

Indication : « peste ou sida du Discus ». Bonne aération, les poissons sont à surveiller le plus possible, attention au surdosage et au formol qui est irritant.
De préférence se faire préparer la solution mère en pharmacie.

Nitramine
Dose : 500 mg/100 litres
Durée du traitement 5 jours maximum.

Indication : hexamitose, *Spironucleus*, pas de lumière au-dessus du bac, nettoyage du filtre avant le traitement.
Bonne aération.

Vente en pharmacie.

Antibiotiques
Dose : variable pour chaque antibiotique. L'expérience a montré que la posologie humaine correspond à 80 litres d'eau d'aquarium.

Indication : malheureusement les utilisations incorrectes ou prolongées des

antibiotiques ont fait apparaître de nombreuses souches de bactéries résistantes. Il est conseillé de nettoyer les masses filtrantes avant tout traitement aux antibiotiques et de ne pas éclairer le bac.
Il est toujours conseillé d'utiliser un antibiotique à large spectre du fait que l'aquariophile n'est pas en mesure de déterminer par un antibiogramme la spécificité de l'antibiotique à utiliser. En outre le traitement aux antibiotiques doit être impérativement poursuivi pendant 8 jours sans interruption.

- **Nifurpirinol** (Furanol JBL)
Dosage : 15 à 20 mg/100 l.
Vente en magasin aquariophile (traitement de l'eau).

- **Amoxicilline** (pénicilline A)
Dosage jusqu'à 2 g pour 80 litres.
Vente en pharmacie.

- **Tetracycline**
Dosage : 2-3 g/80 l pendant 8 jours.

- **Céftriaxone** (Rocéphine®) ,
céphalosporine, dosage : 2 g/80 litres.
Vente en pharmacie.

Maladies dues au milieu

La présence des produits azotés peut fortement incommoder nos Discus. Les seuils de ces composés azotés ne doivent pas dépasser : 80 mg/l pour les nitrates (NO_3^-), 0,05 mg/l pour les nitrites (NO_2^-), 0,7 mg/l pour l'ammonium (NH_4^+) et 0,075 mg/l pour l'ammoniac (NH_3) c'est-à-dire à peine décelables. À la lecture de ces taux admissibles, il s'avère que même l'eau de conduite urbaine destinée à la consommation a déjà dépassé le seuil de tolérance admis par le législateur (OMS) et qui est de 50 mg/l (nitrates). Si l'on compare cette eau à celle analysée sur le terrain (biotopes des *Symphysodon*) et qui accuse une teneur de 0,15 mg/l environ, on se rend compte que l'on est très loin de la perfection. Ainsi dans la préparation d'une eau neuve, il s'avère que la déminéralisation totale par osmose inverse est d'une importance primordiale. Des taux élevés de nitrates et de nitrites se traduisent chez le poisson par un assombrissement du patron de coloration. Il est probable qu'à partir du dépassement de ces seuils critiques (nitrates, nitrites) de nombreuses incidences négatives s'exercent sur la physiologie du poisson. Quant aux dépassements des taux de tolérance de l'ammonium et de l'ammoniac, ils ont des conséquences mortelles. Dans les élevages sérieux et pour des exigences de réussites, ces seuils ne sont jamais atteints grâce à des siphonnages et des changements d'eau répétés. Si malgré ces précautions les symptômes précités apparaissent, ils sont dus alors à des facteurs autres que ceux engendrés par des pollutions nitriques. Si ces symptômes persistent, ils sont les signes précurseurs de maladies, d'infestation parasitaire ou de perturbations de la composition ou des conditions fondamentales de l'eau (TH, pH et température). Il est évident qu'une négligence, un laisser-aller dans le suivi des changements d'eau en période d'absence prolongée et même sur une courte durée, pourront être difficilement supportés par les *Symphysodon* en excellent état sanitaire. Un état prolongé de ces mauvaises conditions ne met certes pas la vie du poisson en danger, mais en revanche laisse la porte ouverte à de nombreux ennuis (ponte retardée, maladies, etc.) qui souvent et heureusement se rattrapent.

Dans la pratique les éleveurs ne mesurent pas les taux de nitrites et nitrates car ils savent qu'ils n'en trouveront pas trace. En effet ces éleveurs travaillent tous à l'aide d'osmoseur ou d'eau de source, effectuent des changements d'eau quotidiens ou installent un système de goutte-à-goutte, éliminant ainsi toute trace de ces substances.

Acidose. Aussi paradoxal que cela puisse paraître, les *Symphysodon* peuvent être incommodés par une acidose. Ce qui semble curieux c'est que nos *Symphysodon* vivent en milieu naturel à des pH relativement bas compris entre 4,9 et 6,6. Il est intéressant de savoir que ces pH (en biotopes) sont dus à la présence d'acides faibles d'origine organique, alors que certaines de nos eaux continentales, notamment celles prélevées en milieu urbain (eaux de pluies) sont quant à elles apparemment identiques (pH de 4,9 à 6,6) mais en réalité obtenues par la présence d'acides forts (chlorhydrique, sulfurique). Dans ce dernier cas une acidose pourra se manifester et provoquer chez nos *Symphysodon* des troubles parfois sérieux. Les signes précurseurs de ces troubles sont malheureusement confondus avec des symptômes inhérents à d'autres causes. Cette acidose incite les poissons à happer l'air en surface et à provoquer des mouvements natatoires irréguliers. Ils pourront même sauter hors de l'eau. Une altération de l'épithélium branchial (brunissement des branchies) et une forte sécrétion de mucosité sont aussi les signes d'une acidose.

Thérapie : il faut dans ce cas tamponner le milieu en filtrant l'eau sur du gravier de Dolomite ou de la craie. Dans l'intervalle il faut revoir et contrôler la composition de l'eau alimentant le bac.

Alcalose. Dans ce cas il s'agit d'une montée du pH à des valeurs qui dépassent 9,0. Cette hausse du pH est souvent due à la présence d'une végétation abondante chez laquelle la photosynthèse, s'exerce dans les meilleures conditions. Par le phénomène de photosynthèse de grandes quantités de CO_2 sont consommées. Puisque l'eau de nos *Symphysodon* est normalement pauvre en calcaire, elle n'est pas apte à servir de tampon. Cette alcalose corrode les branchies des poissons qui présentent ensuite des ulcérations. La pigmentation de la peau s'assombrit.

Thérapie : il faut également tamponner l'eau en ajoutant provisoirement un peu de carbonate de calcium et réduire la végétation.

Troubles de croissance

La reproduction des *Symphysodon* demande un certain sérieux dans sa réalisation afin de mener l'entreprise à sa finalité. Les échecs successifs opèrent une sélection parmi les éleveurs et ce sont effectivement les plus sérieux qui persévèrent. C'est pourquoi en règle générale (sauf exception), les *Symphysodon* reproduits en captivité (Europe-USA) sont d'une qualité au-dessus de la moyenne de l'ensemble des reproductions aquariophiles.
À partir de la ponte et tout au long de la croissance des alevins, un certain nombre d'accidents peuvent survenir. Dès la dépose des œufs, des inattentions (chute de température, modification chimique de l'eau, etc.) de la part de l'aquariophile peuvent avoir des répercussions sérieuses, sinon des conséquences plus dramatiques.

- Nanisme : des malformations d'organes peuvent être à la base du nanisme par des effets indirects. Par exemple une malformation de la vessie natatoire engendre des difficultés de locomotion avec pour répercussion un nanisme dû à une malnutrition (l'alevin n'étant pas assez véloce pour chasser ses proies ou pourvoir à son alimentation). Dans ce cas, le nanisme est un fait individuel. En revanche le nanisme collectif (tous les alevins issus d'une même ponte) peut être dû à plusieurs facteurs, à savoir :

- monotonie de l'alimentation (permanence de la même nourriture) ;
- réduction quantitative de la nourriture ;
- présence d'un taux élevé de nitrites et nitrates ;
- auto-intoxication due à une hormone inhibitrice de croissance se répandant dans le bac et augmentant sa concentration suite à l'absence de changement d'eau.

Ce Discus est dominé. De plus, sa forme, ses yeux exorbités et sa maigreur en font un poisson à éliminer de l'élevage.

Il semble utile de savoir que le nanisme dans certains cas n'est pas un état irréversible. En effet il est fréquent dans la plupart des cas énumérés ci-dessus que les jeunes poissons remis dans des conditions normales d'espace, de nombre et d'alimentation, voient une reprise de leur croissance. Naturellement quelques séquelles plus ou moins importantes risquent cependant de marquer négativement le poisson durant toute son existence.

- **Gigantisme :** une taille de plus de 20 cm est un accident génétique dû à une sélection effectuée en vue de la fixation d'un caractère particulier (Discus de Wattley). À ce propos citons par exemple les reproductions et les recherches d'« améliorations » sélectives par hybridation de parents récessifs (back-cross = rétrocroisements = fils accouplé à sa mère) qui ont pour but d'obtenir une lignée pure d'un caractère donné. Lors de ces manipulations génétiques il arrive que quelques individus soient atteints de gigantisme. Ces monstres ou « super Discus » ne devraient pas être suivis dans leur lignée. Dénonçons également ici les manœuvres qui visent à produire volontairement des stérilisations à l'aide de bains médicamenteux concentrés. Les lésions occasionnées par ces traitements se portent principalement sur les organes épurateurs (reins, foie) et handicapent les fonctions reproductrices sans pour autant mettre en danger la vie du poisson à court et moyen termes. Ces procédés condamnables ont pour but de créer un monopole de la reproduction (cas fréquents chez les Discus et *Tropheus*).

- **Malformation :** réduction operculaire. Cette malformation est plus fréquente chez le genre *Pterophyllum* où le nombre de pontes (faciles) et d'éleveurs peu expérimentés mettent souvent ce défaut en évidence. Cette réduction operculaire (qui se produit également chez le genre *Symphysodon*) est le résultat d'un manque de nourritures variées (calcium, large éventail de vitamines). Cette réduction operculaire est encore due à un élevage et une stabulation des alevins dans une eau pauvre en calcium. La malformation operculaire et ses causes peuvent être assimilées à celles du nanisme.

Les malformations operculaires sont plus souvent rencontrées chez les scalaires que chez les Discus. Elles ont pour origine une carence en vitamines survenue durant les premières semaines de la vie du poisson.

Conseils

Nous insisterons sur la fait que tous les efforts de l'aquariophile doivent se porter sur une prophylaxie et un maintien correct des conditions de milieu. Les sujets atteints malgré toutes ces précautions, doivent être traités si possible dans un bac de quarantaine en verre collé, facile à désinfecter après usage. Le commerce aquariophile et les pharmaciens mettent à notre disposition une gamme de médicaments spécialement préparés (ou à préparer) avec lesquels il sera possible d'adapter les cures aux différentes maladies infectieuses ou parasitaires.

Capture

Il faut éviter autant que possible de manipuler trop souvent les *Symphysodon*. Ce n'est qu'en cas de nécessité absolue qu'il faut les capturer (traitements des maladies, reproduction, isolation, échanges, etc.). La capture doit être effectuée à l'aide d'une épuisette proportionnée à la taille du poisson, toujours bien plus grande que l'animal. La texture de l'épuisette doit être souple, non rugueuse et les mailles plutôt étroites. Le coton et le Nylon fin semblent être les meilleurs matériaux. En effet un matériau « abrasif » risque d'enlever une partie du mucus protecteur du poisson ou même de le blesser. Il est recommandé de laisser immerger l'épuisette dans l'aquarium quelques heures avant la capture, afin de familiariser le poisson à cet étrange importun qu'est cet objet.

La capture d'un Discus doit se faire avec précaution. Le filet de l'épuisette peut endommager le fragile mucus qui recouvre sa peau.

Un bac hôpital ou de quarantaine doit être nu, démuni de sol. Une pompe de filtration, un chauffe-eau et une aération suffisent.

Bac de quarantaine

Malgré tous les soins que l'on peut apporter à l'entretien de l'aquarium, ce dernier restera quand même un milieu privilégié pour le développement de multiples germes pathogènes. Pour remédier à ces inconvénients, certains aquariophiles ont tenté d'user exagérément de techniques de stérilisation, mais la maintenance d'un bac stérile est quasiment impossible. D'ailleurs cet état de stérilité présenterait, en revanche, un autre danger sous la forme d'une absence d'immunisation des poissons contre diverses maladies.

La présence d'un nombre réduit d'agents pathogènes dans l'aquarium n'est pas

alarmante dans l'immédiat, car ils participent à la « vaccination » des poissons ; par contre leur prolifération quant à elle constitue un véritable danger. Hormis cette promiscuité des poissons avec les germes pathogènes présents dans l'eau, cette dernière peut parfois elle-même participer par des voies détournées, à la contamination des populations animales.
En effet, si cette eau n'est pas périodiquement et partiellement renouvelée, l'on pourra assister à une accumulation des métabolites et produits toxiques (urée, excréments, nitrites, nitrates, etc.) qui affaibliront la résistance physiologique des poissons (c'est la raison pour laquelle les auteurs d'articles préconisent les changements d'eau). Néanmoins malgré l'utilisation d'un matériel sophistiqué, d'un volume d'eau important, d'un changement partiel de l'eau, de conditions sanitaires satisfaisantes et de nourritures appropriées, certains poissons risquent d'être affectés par une maladie ou une parasitose si l'on omet de pratiquer la quarantaine pour tout nouvel animal à introduire dans l'aquarium d'ensemble.

Certaines maladies ou parasitoses restent longtemps en incubation (sur, ou dans le poisson, mais également dans un substrat quelconque : kystes, tests, capsules, etc.) avant qu'elles soient diagnostiquées avec certitude. D'autres se manifestent et se développent de façon fulgurante. Un aquariophile avisé peut, par habitude, déceler les premiers symptômes d'une maladie ou remarquer les premiers effets néfastes d'une parasitose. Il devra alors agir très rapidement. Une intervention prompte et discernée joue pour une grande part dans la guérison du poisson.

L'isolement rapide d'un poisson malade sauvegarde la santé des autres animaux peuplant le bac, et permet son traitement dans les meilleures conditions. Qu'il s'agisse de l'emploi d'une simple cuve en verre collé, ou encore d'un aquarium de quarantaine plus sophistiqué, l'essentiel est d'isoler le poisson malade.

Chapitre 10

Reproduction

Choix du local

Compte tenu des chapitres précédents, la perspective d'une reproduction saine et optimale sera tributaire de l'observation de diverses règles que nous avons définies en insistant plus particulièrement sur l'espace, la prophylaxie, l'hygiène et l'alimentation dévolus aux *Symphysodon*. Plusieurs raisons avouables ou non justifient la reproduction des *Symphysodon*, telles : l'amour de l'espèce, la limitation de l'importation des sujets sauvages (but atteint avec le *Symphysodon* « brun » qui est devenu rouge entre-temps), la recherche scientifique, le désir systématique de reproduction de toute espèce, la spéculation pécuniaire, etc. Toutes ces raisons doivent cependant tendre vers un but unique : reproduire l'espèce à son image, et pour cela, il faudra choisir judicieusement les géniteurs.

Une réserve est toutefois à formuler lorsque l'argument du gain est prioritaire. Dans ce cas les règles sont souvent transgressées au profit du rendement, ce qui a inéluctablement des répercussions sur la qualité des sujets reproduits.

Il serait souhaitable que les aquariophiles (et les professionnels) observent un « code déontologique » de la reproduction où les diverses règles d'une reproduction parfaite seraient le fil conducteur (ce souhait s'appliquant également à toute sorte de reproduction).

Il serait incertain de tenter les reproductions dans des locaux à « passage intensif ». Sans tomber dans l'excès contraire, il est parfaitement possible de reproduire des *Symphysodon* dans un local approprié où régnera une certaine animation sans qu'elle soit pour autant préjudiciable au bon déroulement de la maintenance et de la reproduction. Compte tenu des objectifs à atteindre, du nombre de bacs et appareils de servitude, le local devra être suffisamment vaste. Un local de 3 m sur 3 nous semble un minimum à partir duquel une installation offre toutes les conditions de réussite. Il ne faut pas perdre de vue qu'un certain nombre de bacs de grand volume (à usage spécifique) seront nécessaires pour cette entreprise. Le local devrait disposer d'une arrivée d'eau potable et d'une évacuation des eaux usées. En raison de l'importance de l'installation et des servitudes électriques (chauffage, éclairage, U.V., aérateurs, etc.) une ligne d'une capacité de 25 ampères sera nécessaire.

Il est préférable de regrouper les bacs d'élevage dans une même pièce entièrement dédiée aux poissons.

Cette conduite électrique devra faire le tour du local afin de desservir toutes les parties de l'installation. Il sera également prudent de se référer aux normes AFNOR pour la réalisation de cette installation. Une aération du local ne sera pas inutile, surtout dans le cas de l'utilisation d'un surpresseur (alimentation des diffuseurs et exhausteurs). Divers ustensiles comme par exemple : un lavabo, une table de travail, un petit placard pour le rangement des médicaments et produits chimiques, ne seront pas superflus. Néanmoins tous ces ustensiles devront être intégrés d'une façon rationnelle afin de ne pas gêner l'aquariophile dans son travail, ni occuper des emplacements majeurs. Les déménagements, une fois l'installation en fonctionnement, sont souvent catastrophiques.

L'installation

Après avoir passé en revue l'aménagement du local nous allons maintenant examiner plus en détails l'installation proprement dite et l'appareillage nécessaire d'une station rationnelle de reproduction des *Symphysodon.*

Les aquariums les mieux adaptés à cette installation sont ceux réalisés en verre collé. La hauteur des bacs est notamment tributaire :
- des exigences spécifiques de l'espèce choisie (taille, mode de ponte) ;
- des servitudes inhérentes à l'entretien des bacs ;
- des diverses manipulations à effectuer.

La hauteur (ou profondeur) optimale se situera entre 50 et 55 cm. Lorsque cette hauteur est dépassée et compte tenu de la longueur moyenne de la main à l'aisselle, l'aquariophile sera alors obligé de plonger le torse dans le bac. Pour une hauteur de 50 à 55 cm, l'épaisseur de la glace sera de 8 à 10 mm. Nous ne nous attarderons pas sur la construction des aquariums en verre collé. En fonction de l'importance de l'élevage, le nombre des bacs sera plus ou moins élevé. En ce qui concerne leur capacité nous vous indiquons ci-dessous le minimum, quant au maximum il est sans limite. Pour ne citer que les aquariums indispensables, nous devrons posséder :

- 1 bac de communauté pour la formation des couples (minimum 500 l soit 200 x 50 x 50 cm) ;

Pour que les couples se forment, il convient de placer ensemble un groupe de Discus et d'observer les comportements. Au bout de quelques semaines, des affinités se déclarent !

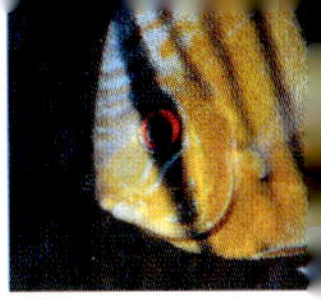

Les Discus géniteurs se contentent d'un bac nu pour assurer leur descendance.

L'aquariophile se doit d'être bricoleur. Dans ce local, goutte-à-goutte, évacuations et filtrations sont l'œuvre des adhérents du club.

- 1 bac de stabulation pour alevins (300 l soit 120 x 50 x 50 cm) ;
- 1 bac de stabulation pour les poissons subadultes (minimum 500 l soit 200 x 50 x 50 cm).

À ceux-là ajoutons les bacs de reproduction proprement dits. Ces derniers auront une contenance moyenne de 125 l soit 50 x 50 x 50 cm, et leur nombre sera fonction de la formation des couples de *Symphysodon* occupant le bac de communauté ;

- 1 bac autonome de 125 l (soit 50 x 50 x 50 cm) totalement isolé du circuit commun sera prévu en cas de maladie ou pour la mise en quarantaine des nouveaux pensionnaires ;
- 1 bac de quarantaine d'au moins 50 l.

Avant de placer les bacs sur leur support, les plaques de polystyrène devront être peintes en ocre-orangé pour respecter la couleur du fond en milieu naturel (qui pour la plupart des sites est constitué de latérite). D'une part cette teinte associée à l'emploi de tubes Grolux accentuera les couleurs des *Symphysodon* (notamment les vermiculures rouges) et d'autre part atténuera les effets préjudiciables de la réverbération de la lumière sur le sol. À ce propos il est utile de signaler que sur un fond blanc ou très clair les poissons ont souvent des difficultés pour saisir la nourriture tombée au sol. En effet leur vision est perturbée et ils doivent rectifier plusieurs fois le geste de préhension avant de saisir la nourriture. De plus le fond blanc rend le poisson craintif. Aussi est-il judicieux de peindre le polystyrène sur lequel reposeront les bacs. Une peinture acrylique fera l'affaire.

La filtration

Si l'on choisit le système de filtration en circuit commun, il faudra prévoir un trou dans la glace arrière de chaque bac pour installer les trop-pleins. Le trou aura un diamètre de 33 mm afin de laisser le passage à un tube de 32 mm. Le centre de ce trou sera situé à 45 cm du fond intérieur du bac dans le cas ou ce dernier mesure 50 cm de hauteur intérieure. Naturellement si le bac possède une filtration autonome ce trou ne sera pas nécessaire. Les bacs à circuit autonome seront filtrés à l'aide d'un filtre à turbine type Eheim, Fluval, Sicce, Hyddor ou autres, ou encore avec un bac de décantation muni d'une turbine Turbelle, Schwartzer, ATK, etc.
La masse filtrante de tous ces filtres sera du type « mécanique » c'est-à-dire : mousse de polyéthylène (mousse à cellules ouvertes ou semi-fermées), laine de perlon, ou toutes autres matières filtrantes neutres, comme par exemple la lave concassée. La constitution d'une faune bactérienne dénitrifiante est ici illusoire en raison du débit rapide et important de l'eau filtrée. Cette absence de bactéries dénitrifiantes sera compensée par des changements d'eau journaliers et des siphonnages répétés.

La seconde option, qui a pour but de filtrer tous les bacs par le canal d'un circuit commun, fait appel à un sérieux sens du bricolage et à quelques appareils à usage industriel. Néanmoins cette dernière option, malgré un volume de filtration parfois conséquent, permet une fois l'installation bien rodée de se consacrer exclusivement à ses *Symphysodon* (observation, reproduction, expérience, photographie, etc.). Il faut toutefois reconnaître que cette méthode demande au départ un sérieux investissement d'ordre pécuniaire mais qui, en comparaison de la méthode classique (filtration autonome), se solde par un gain de temps appréciable.

Filtration en circuit commun

Par ce principe l'eau en provenance des trop-pleins des bacs est collectée par une conduite principale en PVC de type alimentaire (tuyau gris foncé). Cette conduite amène l'eau par gravité dans le filtre situé en contrebas. Une fois arrivée dans le filtre, l'eau traverse les pains de mousse, puis elle est chauffée et aérée. Ensuite, la ou les pompes refoulent l'eau filtrée, qui passe sur une puissante batterie de lampes U.V. (ultraviolets = stérilisation) à raison d'un débit de 100 à 150 l/h.

Il est à noter que toutes ces manœuvres doivent être ordonnées par une ou des minuteries électriques. Si l'on effectue un bilan de cette technique de traitement de l'eau en circuit commun, on aura :

Avantages :

- des poissons changés de bacs sans aucun risque. D'ailleurs après la formation du couple dans le bac communautaire, les poissons doivent être transférés dans un bac de reproduction ;
- seul un filtre a besoin d'être nettoyé ;
- le chauffage de l'eau s'effectue à l'aide d'un seul appareil ;
- une ou deux pompes (de puissance appropriée) remplacent à elles seules une multitude de petits filtres/pompes, de diffuseurs, d'exhausteurs, etc ;
- la masse d'eau est peu sensible aux brusques variations physico-chimiques ;
- les lampes U.V. réduisent et répartissent la population bactérienne à des normes acceptables sur l'ensemble des bacs ;
- l'analyse de l'eau ne s'effectue qu'à un seul endroit de la batterie de bacs (bac le plus éloigné de l'appareil de traitement de l'eau) ;
- il est probable qu'une partie du mucus parental (hormones et substances stimulantes) soit diluée et diffusée dans le circuit et donc perçue par les autres poissons des bacs voisins, qui seront eux-mêmes stimulés à pondre.

inconvénients :

- en cas de maladie : contamination à l'ensemble des bacs ;
- le traitement de la maladie nécessitera des doses supérieures à la normale pour un résultat identique ;
- le circuit commun nécessite l'acquisition d'une longueur importante de tuyaux, avec pour conséquence un investissement assez onéreux ;
- un changement de bac entraîne une modification de la tuyauterie (alimentation et évacuation de l'eau).

Filtre à décantation

Comme nous vous en avons déjà fait part, ce filtre (bac à décantation) ne pourra pas assumer les fonctions d'un filtre biologique, bien que la masse filtrante (mousse de polyéthylène) permette une fixation efficace des bactéries dénitrifiantes. En effet la très grande vitesse du passage de l'eau au travers de la masse filtrante « lessive » radicalement cette dernière empêchant ainsi tout processus biologique. En conséquence, cette masse filtrante ne fera donc uniquement office que de filtre mécanique.

Recommandations

Les bacs de stabulation pour alevins et jeunes poissons ne devront pas être branchés sur le circuit commun si ce dernier maintient dans tous les bacs une conductivité trop basse. Comme nous l'avons déjà mentionné dans le chapitre consacré aux troubles de croissance et à la malformation, la teneur en calcium, pour les jeunes, devra être supérieure à celle des bacs où s'effectue la reproduction. En conséquence les bacs destinés à la stabulation des jeunes *Symphysodon* seront munis de leur propre installation de traitement de l'eau.
La tuyauterie d'alimentation et de traitement des eaux pourra être constituée de tuyaux en PVC type eau potable. Ces tuyaux sont généralement de couleur gris foncé ou bleu foncé. Leur résistance à la pression est élevée (+ de 10 bars). De surcroît leur neutralité chimique répond aux normes requises pour l'alimentation humaine. En revanche leur désavantage est un prix élevé. Le deuxième type de tuyau éventuellement utilisable est le tuyau en PVC utilisé pour l'évacuation des eaux usées. Dans ce dernier cas la neutralité chimique n'est pas garantie, surtout au moment de la mise en route de l'installation où certaines quantités de phénol pourront se diluer dans l'eau, et se répandre dans toute la batterie d'aquariums. D'ores et déjà nous pouvons vous rassurer à ce sujet, car les tuyaux PVC utilisés pour l'évacuation des eaux usées conviennent néanmoins en prenant certaines précautions.
Il faudra simplement faire plusieurs rinçages de l'installation, plusieurs jours consécutifs. Dans cet exemple, le diamètre des tuyaux sera de l'ordre de 60 mm. Quant à la pente d'inclinaison nécessaire à l'écoulement de l'eau, elle sera d'au moins 2 %. Au cas où l'installation comporte deux ou plusieurs niveaux, ceux-ci se rejoignent dans le bac de décantation. L'assemblage des tuyaux, coudes, tés, etc. sera effectué à l'aide de colles spécifiques à ce matériel ou à l'aide de colles au silicone après application d'un primaire.
- le tuyau d'alimentation : celui-ci pourra être en PVC (Ø 32) ou un tuyau d'arrosage de Ø 22 en tenant compte de la puissance des pompes mises en œuvre. Dans le cas d'une utilisation exclusive de PVC de constitution rigide, il importe de désolidariser les pompes de cette conduite au moyen de manchons souples (caoutchouc ou Nylon) afin d'éviter les effets néfastes produits par les vibrations des moteurs. Cette tuyauterie sera fixée sur les murs à l'aide de colliers adéquats. Sur la tuyauterie d'alimentation sera adaptée une dérivation pour chaque bac à pourvoir. Le débit de l'eau sera réglé à environ 100 l/h à l'aide d'un robinet (Eheim).

Il est facile de se procurer différents éléments de tuyauterie PVC pour réaliser les systèmes de filtration, d'arrivée et d'évacuation d'eau.

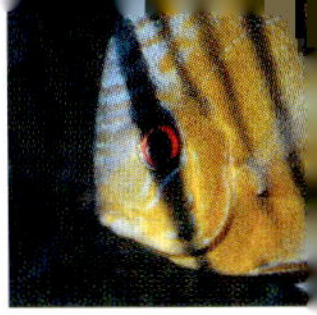

Choix et conditionnement des géniteurs

Comme nous l'avons déjà indiqué antérieurement le choix et le conditionnement des géniteurs est extrêmement important et, quitte à être fastidieux, permettez-nous de formuler ici quelques recommandations supplémentaires.
L'acquisition de sujets adultes et sauvages relève plus de la loterie que de la certitude. Certes les poissons sont programmés biologiquement pour un rythme de ponte annuelle (spécimens sauvages), en revanche leur âge et le nombre de pontes déjà réalisées sont pour nous une inconnue. Il est bien entendu que ces spécimens pourront parfaitement se reproduire, mais les risques d'échecs sont énormes en comparaison des investissements consentis.
Les aquariophiles chevronnés éliminent systématiquement ce que nous appelons les « carnes » c'est-à-dire le « troisième âge piscicole ». Les vétérans de l'aquariophilie, et nous nous joignons à leur opinion, préfèrent soit des spécimens subadultes sauvages (taille : 4 ou 5 cm de diamètre) soit des spécimens subadultes issus d'une souche saine dont les ascendants sont soigneusement examinés sur « toutes les écailles ». Les sujets retenus devront présenter des nageoires impeccables (morphologie), un corps parfaitement rond dont la région dorsale et la nuque seront bien charnues.

À titre d'exemple sachons que des nageoires (dorsale-anale) très étirées et disproportionnées sont les signes d'un alevinage défectueux (mauvaise alimentation, absence de changements d'eau, conditions d'hygiène insuffisantes, etc.).
Quoique le nombre de sujets dépende bien entendu des moyens financiers de l'aquariophile, il serait cependant souhaitable qu'il soit d'au moins 5 individus. En effet à partir de ce nombre les probabilités de formation d'un couple sont déjà élevées.
Les *Symphysodon* seront installés, dès l'acquisition, dans un bac de quarantaine où ils seront méticuleusement examinés.

Il est souhaitable de posséder au moins 5 individus pour espérer la formation d'un couple.

Ils resteront dans ce bac pendant 8 à 10 jours. Pendant cette quarantaine les poissons devront manifester un bon appétit et ne pas craindre l'approche de leur soigneur. L'eau du bac sera de préférence moyennement dure et neutre (dureté totale : 10 à 20 °f - pH 7,0). Par mesure prophylactique l'on pourra ajouter à l'eau du bac de quarantaine un désinfectant comme par exemple Faunamor, Desamor, etc. à la dose conseillée par le fabricant. En cas d'apparition d'une affection particulière et bien diagnostiquée, appliquer le traitement correspondant (voir chapitre Maladies et soins). Pendant la quarantaine le bac communautaire sera mis en route.

Bac communautaire

Quelques recommandations. Ce bac pourra être branché sur le circuit d'eau commun. Lorsque le bac communautaire aura atteint son rythme de croisière, c'est-à-dire que tous les paramètres physico-chimiques se seront stabilisés (pH, conductivité, température, etc.), l'eau du bac de quarantaine devra être identique à celle du bac communautaire. Les *Symphysodon* devront être dessalés par un abaissement de la conductivité à l'aide d'eau distillée, d'eau bipermutée ou osmosée, sur environ 5 jours, selon le procédé suivant :

1er jour : changement d'eau de 1/10 du volume ;

2ème jour : changement d'eau de 1/5 du volume ;

3ème jour : changement d'eau de 1/3 du volume ;

4ème jour : changement d'eau de 1/2 du volume ;

5ème jour : changement d'eau de 30% du volume.

Le 6ème jour les *Symphysodon* pourront être transférés (avec toutes les précautions d'usage) dans leur nouvelle demeure (le bac communautaire en l'occurrence). Dans le bac communautaire (pour les cas de poissons subadultes) les paramètres de l'eau seront maintenus dans les plages suivantes :

- pH : 6,0-6,8
- dureté carbonatée : 4 à 7 °f
- dureté totale : 5 à 10 °f
- conductivité : 200 à 250 µS/cm
- température : 28 à 32 °C.

À partir de l'installation définitive des subadultes dans le bac communautaire, il se passera pour l'aquariophile une longue période d'attente entrecoupée de joies, de craintes mais surtout d'espoirs. Il est important de savoir avant tout que les mâles n'atteignent leur maturité sexuelle qu'à environ 18 mois, tandis que les femelles y accèdent vers l'âge d'un an. Si l'on fait l'acquisition de spécimens adultes, on pourra passer directement à la réalisation des paramètres physico-chimiques optimaux pour la ponte, à savoir :

- pH : 5,0-6,2
- dureté carbonatée : 0,5-1,5 °f
- dureté totale : 1-3 °f
- conductivité : 80-120 µS/cm
- température : 30 °C. (±1 °C.)
- éclairage (durée) :12 h/jour.
- allumage et extinction à heures précises.

Un régime spartiate sera instauré dans le bac communautaire. Entièrement nu à l'intérieur, avec un décor sécurisant collé à l'extérieur sur la glace arrière, ainsi sera conçu cet habitat. La présence d'un support de ponte artificiel est inutile avant que les poissons aient atteint la taille adulte (+ de 10 cm). En revanche, il est impératif d'accoutumer les géniteurs à la présence de petits *Ancistrus* qui semblent jouer un rôle très important lors de la ponte et du développement embryonnaire des œufs des *Symphysodon* (les raisons seront expliquées plus loin).

Recommandations particulières concernant l'eau : en fonction de son origine, l'eau aura des tendances naturelles à fluctuer vers l'acidité ou l'alcalinité. La stabilisation physico-chimique permanente est pratiquement impossible à obtenir, car les facteurs favorisant ces variations sont beaucoup trop nombreux et complexes pour que l'aquariophile puisse espérer un miracle dans ce domaine. En revanche, le volume total de l'eau de l'installation pourra être à la rigueur un facteur de stabilisation selon son importance.

La ponte

En bac communautaire, en bac d'ensemble ou en bac ornemental les premiers signes concrétisant la formation du couple se manifestent par plusieurs comportements bien distincts, à savoir :

- les deux partenaires s'isolent près du substrat de ponte, dont les environs immédiats sont dès maintenant considérés comme territoire malgré l'absence de repères délimitant les frontières exactes (dans le cas d'un bac nu) ;
- le mâle est plus souvent agressif envers les individus du même genre qui peuplent le bac ;
- les partenaires augmentent progressivement la fréquence des tressaillements des nageoires impaires ainsi que les secousses céphaliques ;
- souvent les partenaires se touchent mutuellement les flancs avec leur gueule. Ce mouvement est lent. Le mâle ou la femelle adopte une position oblique, c'est-à-dire le dos incliné vers le partenaire qui effectue l'attouchement buccal ;
- le stade final de cette formation du couple est atteint lorsque les partenaires commencent à nettoyer tous deux le substrat de ponte. Parfois l'oviducte et le spermiducte des poissons commencent à apparaître. La ponte est imminente à ce moment. Le transfert des partenaires en bac de reproduction est impératif. Cette opération est en fait peu traumatisante, surtout si tous les paramètres physico-chimiques de l'eau du bac de reproduction sont comparativement proches de ceux du bac d'origine.

Le désir de ponte est si intense, que parfois les œufs apparaissent déjà quelques heures après l'introduction du couple dans le bac de reproduction. De nombreuses observations démontrent que les pontes ont lieu dans l'après-midi entre 14 h et 18 h. Dans leur nouvel « home » les partenaires nettoient le support de ponte à l'aide de leurs lèvres. Il pourra être placé au centre du bac ou dans un coin, mais dans ce dernier cas il faudra nécessairement laisser un passage aux géniteurs pour leur permettre d'en faire le tour. En revanche, on devra éviter de placer ce support de ponte à proximité de l'endroit où s'effectuent l'écoulement et l'aspiration de l'eau du bac.

Accessoire vivant : un *Ancistrus* (souvent *A. leucostictus* de petite taille) sera placé dans le bac de reproduction. Celui-ci va servir de stimulant aux géniteurs pour qu'ils accentuent la garde de la ponte et par la suite des larves. Le danger potentiel (mais néanmoins relatif) que représente l'*Ancistrus* renforce la cohésion et la vigilance du couple. Des géniteurs vigilants empêchent toute approche de la ponte aussi bien le jour que la nuit. Accessoirement ces poissons de fond débarrassent également le bac des nourritures non consommées. Lorsque les orifices d'écoulement du trop-plein sont dépourvus de crépine, ces *Ancistrus* ont la fâcheuse tendance à se maintenir dans la canne d'aspiration, attirés par le courant et leur instinct rhéophile. Fréquemment ils sont découverts dans le bac de filtration.

La femelle *Symphysodon* démarre la ponte par quelques passages d'essais. La trajectoire empruntée pour le dépôt des œufs s'effectue toujours à partir du bas en haut. Le mâle observe attentivement ces préparatifs en se tenant à l'écart. Après plusieurs essais la femelle émet les premiers œufs sous la forme d'un chapelet de 15 à 25 ovules. Lors de l'acte de ponte, la femelle, à l'aide de son oviducte en forme de cône tronqué appuie ce dernier contre le substrat de ponte. Ses nageoires ventrales sont accolées au corps. Le mâle, après chaque passe de ponte, suit la femelle sur la même trajectoire pour féconder les œufs déposés sur le support.

Les œufs

Les œufs possèdent une longueur moyenne de 1,4 mm, pour une largeur de 1,2 mm. Dès le moment de la ponte ils sont transparents et de couleur jaune clair. En fonction de l'âge de la femelle, de sa condition physique et des facteurs physico-chimiques de l'eau, le nombre des œufs pondus au total se situe entre 150 et 200 ; exceptionnellement, il peut atteindre un chiffre supérieur à 250. Les œufs sont fixés tout d'abord au support par la pression mécanique déployée lors de l'expulsion et par un dispositif adhésif. Ce dernier est constitué par un manteau glaireux entourant l'œuf, et de cils longs de 30 µm qui, sur toute leur longueur, sont intégrés à ce manteau. Ils sont régulièrement espacés de 7 à 9 µm. La membrane ou chorion est couverte de pores aux formes variables (diamètre = 0,3 à 0,4 µm). À travers ces pores s'effectuent les échanges gazeux entre l'embryon et le milieu aquatique. Les soins permanents (ventilation, nettoyage, etc.) sont assumés alternativement par chacun des partenaires, tandis que l'autre surveille les environs du lieu de ponte.

À propos des œufs blancs, beaucoup d'aquariophiles pensent qu'il s'agit d'une mycose ou d'une mauvaise fécondation. Cependant dans la plupart des cas, c'est en réalité d'une coagulation de l'intérieur de l'œuf, due soit à des accidents mécaniques (fissure de la membrane), soit à des conditions physico-chimiques défavorables. Dans ce dernier cas leur nombre est souvent élevé. Les mycoses et les attaques bactériennes surviennent en général bien plus tard, alors que les œufs coagulés blanchissent rapidement dans les heures qui suivent la ponte. Ainsi pour des raisons principalement écologiques et morphologiques, en milieu naturel, les *Symphysodon* fixent leurs œufs et leurs larves sur un support élevé afin d'éviter à ceux-ci de disparaître dans la vase et de s'y étouffer. Les premières pontes sont souvent dévorées. A priori, il ne semble pas que les raisons dues à ce comportement soient liées à des perturbations externes (déplacements dans la pièce, lumière, chocs, etc.), mais vraisemblablement à une mésentente du couple, ou encore à une désorientation de la femelle lors des premières pontes. Il arrive également que les œufs soient effectivement mal fécondés, mais dans ce cas les parents le remarquent et mangent alors la ponte. Les éleveurs ne doivent pas s'inquiéter lorsque les 3 ou 4 premières pontes sont dévorées.

Les œufs sont déposés sur différents supports. Ici, la ponte a eu lieu sur une feuille d'amazone.

Après l'éclosion, les larves restent fixées au support de ponte grâce à leurs glandes céphaliques.

Il semble que les jeunes géniteurs (mâles et femelles) fassent une sorte d'apprentissage (comportement acquis) lors des premières reproductions. Par la suite on a remarqué qu'ils pondent et élèvent régulièrement leur progéniture. Lorsque ces problèmes persistent (8ème ou 10ème pontes dévorées) il suffit parfois de changer le mâle pour réussir la ponte suivante. La ponte est surveillée alternativement par le mâle et la femelle. Les œufs sont ventilés et les particules organiques sont éloignées à l'aide d'un courant d'eau produit par expulsion buccale. Parfois les parents prélèvent également ces particules par de délicates aspirations de la bouche.

Certains jeunes parents dévorent successivement toutes leurs pontes, il sera possible d'y remédier en entourant le substrat de ponte par un grillage en plastique. Le plastique devra se situer à 8 ou 10 mm des œufs, permettant les soins à la ponte sans que les parents ne puissent la dévorer.

Les larves

L'éclosion des œufs s'effectue après environ 60 heures d'incubation. Cet instant est crucial. En effet, chez beaucoup de couples inexpérimentés, il arrive que les larves soient mangées à cet instant. Normalement les parents doivent obligatoirement prélever les œufs, les prendre en bouche, car l'embryon qui vient de passer au stade larvaire est incapable de faire éclater le chorion pour se libérer. Ainsi la prise en bouche et sa manipulation mécanique (mâchonnement) aident l'embryon à s'extraire de son carcan. Les œufs ainsi prélevés du support, mâchonnés un court instant, sont ensuite fixés sur un autre endroit du substrat. Le prélèvement de l'œuf en vue du "mâchonnement" est bien déterminé dans le temps par les parents qui perçoivent le moment favorable par des mouvements caractéristiques de l'embryon. Ce comportement des géniteurs semble inné jusqu'à un certain stade, mais là également un apprentissage est nécessaire pour les jeunes couples. Sur un pot de terre cuite les larves sont fixées à 90° par rapport au site de ponte, rarement à l'opposé (180°). Notons encore que les larves sont toujours fixées à un support solide et dégagé (roche, végétal, ou support artificiel) pour les raisons citées plus haut. Les larves sont dotées de trois paires de glandes céphaliques (2 paires au sommet du crâne, 1 paire au niveau des yeux = partie frontale). Ces glandes sécrètent un ciment adhésif qui fixe la larve au support.

Lorsque la larve est projetée hors de la bouche d'un des parents, sa tête est placée en avant face au support sur lequel elle va se fixer. Cette direction est induite par la nageoire caudale de la larve lors de son extraction du chorion. Ainsi commence la période de résorption du sac vitellin, pendant laquelle la larve fait vibrer sa nageoire caudale. La larve est dotée en plus d'une bulle remplie de liquide, celle-ci est placée devant le sac vitellin. Par rapport à ce sac vitellin, la bulle est parfois égale à ce dernier mais le plus souvent plus petite. Sa fonction n'est pas clairement établie. Le sac vitellin est opaque et couvert de mélanophores permettant probablement le camouflage de la larve. Dans une eau calme, le poids de la larve étire la substance adhésive et, l'éloigne de son support en la retenant seulement par un filament glaireux. En battant de la nageoire caudale la larve se vrille autour de ce fil sans que celui-ci ne se rompe. Ce filament semble augmenter sa résistance grâce à l'action des colloïdes présents dans l'eau. Lorsque ce fil se brise sous l'effet de la charge et des mouvements d'eau trop violents (ce qui arrive souvent), les parents reprennent les larves en bouche et les propulsent contre le support jusqu'à ce qu'elles y restent collées.

L'incubation artificielle n'est pas souhaitable car d'une part les embryons ne peuvent que rarement s'extraire de leur membrane et, d'autre part lorsque les larves tombent de leur support (ce qui arrive fréquemment en raison des turbulences créées par le diffuseur) il faut les refixer à l'aide d'une pipette.

Les alevins se nourrissent du mucus parental.

En fin de compte le travail est fastidieux et les résultats sont décevants. Vers le 6ème jour après la ponte, les larves se détachent de leur support par des mouvements brusques, ou sont souvent aidées par leurs parents. D'abord hésitantes, tournant en rond sur le substrat, les larves atteignent rapidement le stade de la nage libre. Souvent en moins d'une heure la totalité des larves est répartie sur l'ensemble du bac. Avant ce terme, l'éleveur aura eu soin de placer un treillis de protection sur les orifices d'écoulement de l'eau, sinon les alevins seront aspirés dans le filtre. Très rapidement les alevins se regroupent près des parents. À cette période les géniteurs se couvrent d'une couche de mucus nourricier qui leur donne un reflet grisâtre et laiteux. La production de ce mucus nourricier a déjà commencé dès la phase de ventilation de la ponte. Elle atteint maintenant son point optimal. Les alevins se regroupent autour des parents et commencent à se nourrir de ce mucus. La consommation de ce mucus est primordiale dans les premiers jours de la vie des alevins.

Lors de ce nourrissage parental, les géniteurs offrent alternativement leur corps à l'appétit de leur progéniture. Pour cela ils laissent « brouter » les alevins un certain temps, puis lorsqu'ils sentent le mucus s'épuiser, ils donnent le relais à leur partenaire.

Lors de cette manœuvre de relais, le partenaire concerné se dégage des alevins par de brusques secousses. Tout le nuage d'alevins reste alors un court instant sur place, puis quelques-uns, bientôt suivis par le reste de l'essaim, se précipitent sur le partenaire voisin qui les attend toutes nageoires écartées. On peut voir souvent, lorsque les parents ne sont pas trop éloignés l'un de l'autre, les alevins changer volontairement de mangeoire. Ces déplacements d'alevins sont très spectaculaires car ils s'effectuent généralement en file indienne en traversant une tranche d'eau libre pour rejoindre le père ou la mère. Un couple sécrétant normalement le mucus nourricier peut parfaitement élever deux portées à la fois lorsque l'une d'elles subit une carence de sécrétion chez ses parents d'origine. Le spectacle est grandiose lorsque 400 à 500 alevins broutent sur un couple. Cette surcharge ne semble pas incommoder les parents adoptifs lorsqu'ils sont en pleine forme physique. Pendant les quatre premiers jours les alevins se nourrissent exclusivement du mucus parental. Souvent pendant cette période, les éleveurs connaissent des moments d'exaltation car tous leurs couples se mettent à pondre en même temps, surtout dans une installation à filtration commune. Dans ce cas il n'est pas exclu que la production de mucus dégage des hormones qui sont transportées dans tous les bacs de reproduction, stimulant ainsi les autres géniteurs. Les alevins sont répartis dans un autre bac de croissance après sélection des tailles.

Vers le cinquième jour un apport de nourriture supplémentaire s'avère nécessaire pour l'alimentation des alevins. Ce complément est constitué de nauplies d'*Artemia salina.* D'abord dispersés dans l'ensemble du bac ces nauplies sont ensuite attirées par l'odeur du mucus parental et les alevins n'ont aucune peine à les capturer près des adultes. Suite à ce phénomène de rassemblement des nauplies, les alevins trouvent ainsi un choix de nourritures plus large (mucus + nauplies) sans faire de grands efforts. En principe, il faut laisser les alevins une dizaine de jours en compagnie de leurs parents. Au-delà de cette période ils seront siphonnés puis placés dans un bac de croissance pas trop grand (env. 100 l) où la nourriture sera concentrée. Celle-ci pourra être variée, mais surtout fréquente : artémias, cœur de bœuf réduit en bouillie, poudre de paillettes constituant l'essentiel de leur menu. La fréquence des distributions de nourritures s'effectue par intervalles de 2 heures. Les siphonnages d'eau et de détritus seront fréquents, sinon quotidiens. La dureté de l'eau devra être augmentée jusqu'à une conductivité de 250 à 300 µS/cm. Cette augmentation de la conductivité sera réalisée à l'aide d'eau de conduite dure, par adjonction de bicarbonate de soude, ou du marbre concassé.

Les alevins se nourrissent simultanément du mucus et de nauplies d'artémias.

Le mucus possède plusieurs fonctions, dont celle qui favorise la digestion des premières nourritures artificielles.

Par contre, un seul parent élève difficilement une nichée, bien que cela soit possible. Nous avons observé que chez les partenaires (couples normaux), les relais de nourrissage se font systématiquement dans un laps de temps compris entre 10 et 30 minutes. Les écarts entre les relais diminuent sensiblement au fur et à mesure que la taille des alevins augmente. Par contre les écarts des relais diminuent à nouveau en période de sevrage lorsque la demande en mucus va en diminuant.

Rôle du mucus

Il est incontestable que le mucus parental est indispensable aux alevins les premiers jours de la nage libre. Les recettes miracles dignes de secrets d'État, véhiculés dans les conversations aquariophiles, ou celles publiées dans des articles pseudo-scientifiques n'ont jamais apporté la moindre preuve tangible d'une réussite égale à celle due au nourrissage naturel. Le cortège des recettes faisait état de compositions à base de miel (sic !), de jaune d'œuf cuit, de bouillie pour bébé, etc. Rien dans l'immédiat ne peut remplacer ce mucus !

D'ailleurs toutes ces tentatives de reproduction artificielle étaient la conséquence de l'absence de production de mucus parental. L'un étant la conséquence de l'autre. Nous avons tenté à plus reprises le nourrissage artificiel sur des alevins prélevés à des parents ayant du mucus pour évaluer le résultat. Outre les 3 ou 4 séances fastidieuses de nourrissage et la préparation de la nourriture, les résultats étaient loin d'atteindre ceux obtenus avec des parents naturels. Seuls 8 à 10% des alevins atteignirent la taille d'une pièce de 1F.

Par contre les nauplies d'artémias seront indispensables à partir du cinquième jour de nage libre où ils seront apportés comme nourriture complémentaire au mucus parental, afin de démarrer la période transitoire de sevrage. Les alevins sont incapables de s'éloigner des parents pour chercher de la nourriture, et si les micro-organismes n'étaient pas attirés vers les alevins par un procédé quelconque, rien ne permettrait de démarrer le sevrage. Les alevins sont surtout attirés par une préférence nutritionnelle allant vers le mucus, mais les premiers nauplies sont ingérés plus par curiosité et instinct de chasse. Par la suite les alevins y prennent goût. Les mouvements locomoteurs des nauplies sont primordiaux pendant la phase de sevrage (cela est valable en milieu naturel pour les micro-organismes). Au fur et à mesure de la croissance des alevins, ce mouvement des nauplies stimule de plus en plus fortement l'instinct de chasse. Les premières tentatives de capture se soldent d'ailleurs par des échecs, mais l'alevin apprend rapidement par l'essai (échecs et succès) à parfaire sa technique, en passant par une période de rodage. Le rôle nutritionnel du mucus parental est indiscutable. Les éleveurs qui réussissent leur reproduction ne dispensent aucune nourriture spécifique inerte dans un premier temps aux alevins. Ils se contentent de nourrir les parents, et l'on constate qu'aucun alevin n'ingère de particules, aussi petites soient-elles, pendant les huit à dix jours de la première nage libre. Par la suite, le mucus pourrait également aider à la digestion des premiers aliments artificiels, comme le font notre salive et tous nos sucs gastriques. Un autre rôle, non négligeable, est celui supposé de l'immunité bactérienne offerte par le mucus. Les éleveurs savent qu'il est néfaste de maintenir les Discus dans un milieu totalement stérile, c'est pourquoi la stérilisation de l'eau n'est que partielle sur le circuit de l'eau filtrée. Les parents seront cependant confrontés à une faune bactérienne limitée, mais suffisante pour entretenir un potentiel immunitaire certain transmis aux alevins au travers du mucus, en attendant que s'établisse leur propre défense. Par la suite ces alevins seront toujours maintenus, avant la vente, dans un bac non stérile afin de renforcer cette immunité en prévision du milieu normal de l'aquariophile où règne une faune bactérienne souvent agressive.

Il est également prouvé aujourd'hui que beaucoup d'éleveurs ont remarqué que la première ponte dans un circuit collectif déclenche une véritable « folie de ponte » chez d'autres couples. Ces pontes étaient effectuées au moment où le premier couple reproducteur était couvert de mucus parental. Il n'est pas exclu que le mucus dégage des substances qui stimulent la ponte, ou du moins déclencherait les signes précurseurs de la ponte.
Le Marseillais Alain Vaute a mis au point une excellente astuce qui lui a permis d'élever des alevins destinés à mourir, les parents ne sécrétant pas de mucus. Il a transporté le cône de terre cuite recouvert d'œufs fraîchement pondus, dans le bac communautaire, en prenant soin auparavant de protéger la ponte par un petit grillage de plastique pour éviter qu'ils ne se fassent dévorer. Quelle ne fut pas sa surprise de constater qu'un gros mâle venait ventiler les œufs avec beaucoup d'application ! Il déplaça alors poisson et cône dans un bac destiné à la reproduction et eut la joie de voir ce père adoptif mener à bien toutes les phases de l'élevage. Le mucus fut abondant et les alevins se régalèrent. Par la suite ce mâle éleva quantités de jeunes, adoptés de la même façon.
Peut-être direz-vous que ce mâle était exceptionnel ? Mais non car l'expérience fut tentée chez d'autres éleveurs, avec d'autres Discus, avec le même succès.

Conclusion

Avec les Discus, il ne faut jamais se décourager, et rechercher les astuces qui permettront de réussir là où les autres ont échoué. ■

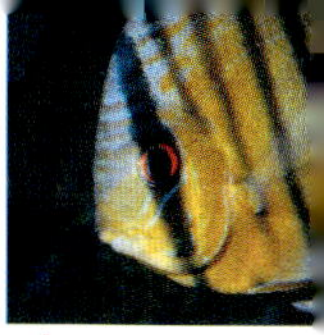

Références bibliographiques

ALLGAYER, R.
- 1982 : *La conductivité de l'eau.* Aquarama 67 et 68.
- 1986 : *Décors et plantes d'aquarium.* Bordas, Paris.
- 1992 : *L'osmose inverse-détartreur.* Aquarama 127: 35-37.

BASSLEER, G. 1983 :
Biildatlas der Fischkrankheiten. Verlag j. Neumann-Neudamm. Melsungen.

BAUER, R. 1992 :
Maladies des poissons d'Aquarium. Ed. Maloine.

BLUM, V. 1966 :
Zur hormolanen Steuerung der Brutpflege einiger Cichliden. Zool. Jb. Physiol. Bd. 72, 264-290, pp. 8.

GEISLER, R. :
- 1972 : *Dr. Geisler berichtet 1. Blaue und braune Discus in Amazonien.* Tetra Inf. 19/1972, pp. 13-15.
- 1972 : *Dr. Geisler berichtet, II. « Echter Discus » (Symphysodon Discus) im flufgebiet des Rio Negro.* Tetra Inf. 20/1972, pp 20-22.
- 1976 : *The element matrix of Amazon waters and its relationship with the mineral content of fishes.* Amazoniana Vol.VI, 1976 :47-65.
- 1981 : *Les Symphysodons; Les biotopes des Symphysodon.* Aquarama N° 59, pp. 37-41 et N° 60, pp. 34-37.
- 1996 : *Ökologie der Diskusfiche.* Datz Sonderheft Discus : 22-30.

KOKOSCHA, M. & H. GREVEN 1996 :
Gibt es nur eine Art? Isoenzym-Elektrophorese bei Diskusfischen. Datz Sonderheft Discus 20-21.

KULLANDER, S.O. 1996 :
Eine weitere Übersicht des Diskusfische, Gattung Symphysodon Heckel. Datz Sonderheft Discus 10-19
- A phylogeny and classification of the South American Cichlidae (Teleostei: Perciformes). pp. 461-498 in Malabarba, L.R, R.E. Reis, (Eds), Phylogeny and Classification of Neotropical Fishes. Porto Alegre: Edipucrs1998.

TERVER, D. :
Manuel d'aquariologie 1/L'aquarium eau douce eau de mer - 5ème édition, Réalisations éditoriales pédagogiques Paris

TETON, J. & R. ALLGAYER 1993 :
Encyclopédie du Discus, 2è édition, Ed. Aquarama Strasbourg (épuisée).

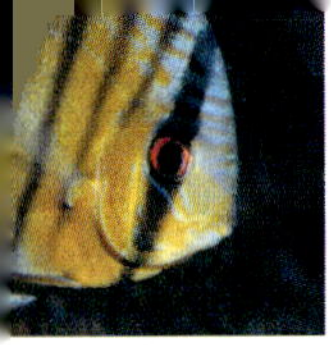

Crédits Photos

Toutes les photos de cet ouvrage sont de Marie-Paule et Christian Piednoir (AQUA PRESS), à l'exception de :

pages 4, 9, 10, 11, 15, 16, 33, 41 : Uve Werner ;
pages 34, 58 droite, 69, 74, 86 : Robert Allgayer ;
pages 12 et 14 : Antoine Seva.

Les auteurs tiennent à remercier David Bailly, Jean-Christophe Bout, Pascal Blanchet, Xavier Jeanmaire, le club aquariophile du Comité d'Entreprise d'Air France Orly, les sociétés Amblard Overseas Trading et D.I.P. pour leur aide à la réalisation de certaines photographies.

La maquette et la mise en page ont été réalisées par Laurent Barreau.

Les Guides de l'aquarium
sont édités par BOCAL édition - 1492 bd de Bigorre - 16000 ANGOULÊME
Dans la même collection, les Guides des Cichlidés et le Manuel des plantes d'aquarium.

Achevé d'imprimer en janvier 2001. N°ISBN : 2-914493-04-5